JN077377

憲 法 概 説

（再訂補訂版）

は　し　が　き

　本教材は、昭和45年12月刊行し、昭和49年４月補正、昭和62年３月改訂、平成３年１月、平成５年８月、平成９年２月、平成10年３月補筆、平成13年２月改訂したものに若干の補筆、補正を加えたものである。

平 成 16 年 4 月

裁 判 所 職 員 総 合 研 修 所

は　し　が　き

　本教材は、昭和45年12月刊行し、昭和49年４月補正、昭和62年３月改訂、平成３年１月、平成５年８月、平成９年２月、平成10年３月補筆、平成13年２月改訂したものに若干の補筆、補正を加えたものである。

　なお、平成16年４月に裁判所書記官研修所と家庭裁判所調査官研修所との統合によって、裁判所職員総合研修所が創設されたことに伴い、新たな研修教材番号を付した。

平 成 17 年 7 月

裁 判 所 職 員 総 合 研 修 所

は　し　が　き

　本教材は、昭和45年12月刊行し、昭和49年４月補正、昭和62年３月改訂、平成３年１月、平成５年８月、平成９年２月、平成10年３月補筆、平成13年２月改訂、平成16年４月補筆、補正したものに若干の補筆、補正を加えたものである。

令 和 5 年 11 月

裁 判 所 職 員 総 合 研 修 所

目　次

第1編　序　　論

第1章　憲法の概念 …………………………………………… 1

第1節　憲法の意義 ………………………………………… 1

第2節　憲法の分類 ………………………………………… 2

第3節　憲法規範の特質 …………………………………… 3

第2章　日本国憲法の制定 ………………………………… 5

第1節　明治憲法 …………………………………………… 5

第2節　日本国憲法の成立 ………………………………… 7

第2編　本　　論

第1章　戦争の放棄 ………………………………………… 8

第2章　国民の権利及び義務 ……………………………… 10

第1節　基本的人権―総論 ………………………………… 10

第1項　人権の歴史 ………………………………………… 10

第2項　人権の観念 ………………………………………… 12

第3項　人権の分類 ………………………………………… 13

目　　次

　　　第4項　人権の享有主体 ………………………………………… 15
　第2節　基本的人権の限界 ……………………………………………… 19
　　　第1項　人権の限界と公共の福祉 …………………………… 19
　　　第2項　特別な法律関係における人権の限界 ……………… 21
　　　第3項　私人間における人権の保障と限界 ………………… 23
　第3節　生命、自由及び幸福追求に対する国民の権利と法の下の
　　　　　平等 ………………………………………………………… 24
　　　第1項　生命、自由及び幸福追求に対する国民の権利 …… 24
　　　第2項　法の下の平等 ………………………………………… 27
　第4節　精神的自由 …………………………………………………… 34
　　　第1項　思想及び良心の自由 ………………………………… 34
　　　第2項　信教の自由 …………………………………………… 35
　　　第3項　表現の自由 …………………………………………… 40
　　　第4項　集会、結社の自由 …………………………………… 47
　　　第5項　学問の自由 …………………………………………… 50
　第5節　人身の自由 …………………………………………………… 52
　　　第1項　奴隷的拘束、苦役からの自由 ……………………… 52
　　　第2項　適正法定手続の保障 ………………………………… 53
　　　第3項　刑事手続における人身の自由 ……………………… 56
　第6節　経済的自由 …………………………………………………… 57
　　　第1項　居住、移転の自由 …………………………………… 57
　　　第2項　職業選択の自由 ……………………………………… 59
　　　第3項　財産権 ………………………………………………… 61
　第7節　社会権 ………………………………………………………… 65
　　　第1項　生存権 ………………………………………………… 66
　　　第2項　教育を受ける権利 …………………………………… 67
　　　第3項　勤労の権利 …………………………………………… 68
　　　第4項　労働基本権 …………………………………………… 69

第8節　参政権 ……………………………………………… 71

第9節　受益権 ……………………………………………… 73

　第1項　請願権 …………………………………………… 73

　第2項　裁判を受ける権利 ……………………………… 74

　第3項　刑事補償請求権 ………………………………… 74

　第4項　賠償請求権 ……………………………………… 75

第10節　国民の基本的義務 ………………………………… 75

　第1項　教育を受けさせる義務 ………………………… 75

　第2項　納税の義務 ……………………………………… 76

　第3項　勤労の義務 ……………………………………… 76

第3章　国民主権と天皇制 ………………………………… 77

第1節　国民主権 …………………………………………… 77

第2節　天皇制 ……………………………………………… 78

　第1項　天皇の地位 ……………………………………… 78

　第2項　天皇の権能 ……………………………………… 78

　第3項　皇室の経済 ……………………………………… 80

第4章　国　会 ……………………………………………… 82

第1節　三権分立 …………………………………………… 82

第2節　国会の地位と権能 ………………………………… 84

第3節　国会の組織 ………………………………………… 87

　第1項　国会の二院制 …………………………………… 87

　第2項　両議院の関係 …………………………………… 88

　第3項　両議院の権能 …………………………………… 90

第4節　国会の運営 ………………………………………… 92

　第1項　国会の開閉 ……………………………………… 92

　第2項　国会の議事手続 ………………………………… 94

第5節　国会議員の地位 ……………………………………… 96

第5章　内　閣 …………………………………… 99

第1節　内閣の地位 ………………………………………… 99

第2節　議院内閣制 ………………………………………… 100

第3節　内閣の組織 ………………………………………… 101

第4節　内閣の権能 ………………………………………… 104

第5節　内閣の責任 ………………………………………… 107

第6章　裁判所 …………………………………… 109

第1節　司法権と裁判所 …………………………………… 109

第1項　司法権 …………………………………………… 109

第2項　裁判所 …………………………………………… 115

第2節　司法権の独立 ……………………………………… 116

第3節　裁判の公開 ………………………………………… 117

第4節　違憲法令審査権 …………………………………… 118

第7章　財　政 …………………………………… 121

第1節　財政処理の基本原則 ……………………………… 121

第2節　財政処理に関する国会の権限 …………………… 122

第1項　租税法律主義 …………………………………… 122

第2項　予　算 …………………………………………… 122

第3項　国費の支出と債務負担行為 …………………… 125

第4項　予備費 …………………………………………… 126

第3節　決算、公金の支出等の制限 ……………………… 126

第8章　地方自治 ………………………………… 128

第1節　地方自治の基本概念 ……………………………… 128

第2節　地方公共団体の意義 ……………………………………… 129

第3節　地方公共団体の機関と権能 ……………………………… 130

第4節　地方特別法 ………………………………………………… 132

第9章　憲法改正 ………………………………………… 133

第1編　序　　論

第1章　憲法の概念

第1節　憲法の意義

「憲法」というと、「日本国憲法」という名の法典を思い浮かべるだろう。しかし、世界の国々の中には、法典としての憲法を持たない国（例えば、イギリス）もある。それでは、法典としての憲法のない国には、憲法はないのか。憲法とは何なのか、初めに憲法の概念について考える。

1　形式的意味の憲法

憲法という名で呼ばれる成文の法典を形式的意味の憲法という。日本国憲法という名の成文法は、これに当たる。この意味の憲法は、その内容がどんなものであるかにかかわらない。

2　実質的意味の憲法

これに対し、ある特定の内容を持った法として憲法を論ずるとき、それを実質的意味の憲法という。およそ国家には、政治権力とそれを行使する機関が存在する。その機関と権力の組織、権能及び相互関係を規律する基本的な規範が憲法である。これを通常「固有の意味の憲法」と呼ぶ。この意味の憲法は、どんな時代のどこの国にも、およそ国家である以上、権力の組織化を目的として存在する。また、内容面から憲法を論ずるとき、歴史的意味を込めて立憲的意味の憲法とか近代的意味の憲法とかという呼び方がされるときもある。この意味の憲法は、18世紀末の近代市民革命期に、権力を制限し、

人権を保障しようとする法規範として成立した。1789年のフランス人権宣言（人及び市民の権利宣言）16条が、「権利の保障が確保されず、権力の分立が定められていないすべての社会は、憲法を持つものではない」というのは、この意味の憲法を指す。日本にこの意味の憲法が成立したのは、大日本帝国憲法（以下、「明治憲法」という。）が制定された1889年（明治22年）である。

第2節　憲法の分類

既にみたように実質的意味の憲法には、法典の形式をとるものもあり、そうでないものもある。法典の形式をとるものを成文憲法といい、そうでないものを不文憲法という。そのほか、様々な分類が試みられてきた。これらを概観しておくことは、憲法の実質的意味を理解する助けとなろう。

1　法形式による分類

(1)　成文憲法

成文化された法典の形式をとる憲法をいう。現代では、イギリスのような例外を除き、憲法といえば成文憲法を指すといってよい。成文憲法の歴史は、比較的新しく、その最初のものは、1776年から1789年にかけて制定された独立当時のアメリカ各州の憲法である。我が国の憲法は成文憲法である。

(2)　不文憲法

イギリスには、成文の憲法典がない。そこで、不文憲法の国と呼ばれる。イギリスでは、実質的意味の憲法が、法律の形式で定められ、また、議院内閣制のように法律の形式すらとらない組織規範として存在する。

2　改正手続による分類

(1)　硬性憲法

　通常の法律の改正の場合と異なる、厳格な手続によらなければ改正できない憲法を硬性憲法という。改正を①普通の立法機関が通常の手続より慎重な手続（単純多数決でなく特別多数決）で行うもの、②特別の憲法会議が行うもの、③憲法会議又は立法機関の議決と国民投票とを併用するものなどがある。現代のほとんどの国の憲法は、硬性憲法である。明治憲法及び日本国憲法は、ともに硬性憲法である。改正の手続を厳格にすることは、改正を困難にする。それは、憲法の継続性と安定性を保障する目的による。さらに、現代の民主的な多くの憲法が、改正手続に国民投票を規定しているのは、憲法改正に当たって、一般国民を参加せしめようという目的からである。これは、国民主権の原理からの帰結であり、日本国憲法も、96条にそのことを規定している（第2編第9章参照）。

(2)　**軟性憲法**

　通常の法律の場合と同じ手続で改正できる憲法を軟性憲法という。憲法典を持たないイギリスの憲法は軟性憲法である。

(3)　なお、改正手続の硬軟は、実際の改正の頻度とは直結しない。硬性憲法であっても、相当頻繁に改正されたスイス憲法やアメリカ合衆国憲法及びドイツ連邦共和国基本法（ドイツの現行憲法のこと）もあり、また、半世紀にわたって一度も改正されなかった明治憲法もある。日本国憲法も同様である。イギリスでは、歴史の発展や実際の必要に応じて、実質的意味の憲法は、改正されてきたが、立憲君主制や議院内閣制の原則などの統治原則は、硬性憲法の国より強い安定性を維持している。

第3節　憲法規範の特質

1　授権規範としての憲法

　授権とは、権能を与えることをいう。授権の関係は、人と人の間はもちろん、法規範と法規範の間にも存する。様々な法規範が適法に存立し、通用す

るためには、その法規範を定立する権能が前もって存立し、通用していなければならないと考えると、その根源となるものが憲法である。この意味で、憲法は授権規範といわれる。

2　制限規範としての憲法

　憲法には、国家権力の行使を規律し、限界を画するという機能がある。法律や命令などのすべての国家規範は、憲法によって規律され、制限される。例えば、憲法24条2項は、「配偶者の選択、財産権、相続、住居の選定、離婚並びに婚姻及び家族に関するその他の事項に関しては、法律は、個人の尊厳と両性の本質的平等に立脚して、制定されなければならない」と規定し、親族、相続に関する法規範の内容を規律し、制限している。この意味で、憲法は制限規範でもある。

3　最高規範としての憲法

　憲法は、国法の体系のうちで、最高位に位置し、その形式的効力は、下位の法規範の抵触を許さない。この意味で、憲法は、最高規範であるといわれる。例えば、日本国憲法は、第10章に「最高法規」という章を設け、憲法の最高法規性を強調し、98条1項で「この憲法は、国の最高法規であつて、その条規に反する法律、命令、詔勅及び国務に関するその他の行為の全部又は一部は、その効力を有しない」と規定し、最も端的に、憲法の最高法規性を表現する。さらに、99条は、「天皇又は摂政及び国務大臣、国会議員、裁判官その他の公務員は、この憲法を尊重し擁護する義務を負ふ」と規定し、国家の機関として国家の作用を担当し、直接又は間接に憲法を運用する地位にある者に対して、憲法尊重及び擁護の義務のあることを強調することによって、憲法の最高法規性を確保しようとしている。

第2章　日本国憲法の制定

第1節　明治憲法

1　前述のとおり、国家が国家として成立する以上、統治の基本原則をなす実質的意味の憲法がある。しかし、日本に立憲的意味の憲法が生まれたのは、明治憲法が生まれた明治22年2月11日のことである。

2　明治憲法の概要は、次のとおりである。

（1）**天皇主権（天皇中心主義）**

　　万世一系にして神聖不可侵の天皇（明憲1、3）が、国家の主権者（明憲1）として国家統治の淵源となり、最高の権威者たる地位を持つ。その権能は、憲法の条規により制限を受けるが、立法、行政、司法の三権も、すべて天皇に集中する。すなわち、統治の中心に位置するものとして、統治権を総攬（明憲4）する。この原理に基づき、憲法の制定権（憲法発布勅語）及び改正権（明憲上諭5段、73）は、いずれも天皇に属するものとされた。いわゆる欽定憲法主義が採られていた。

（2）**統帥大権及びその他の大権事項**

　　天皇の軍統帥大権（明憲11、12）は、一般国務から分離独立し、国務大臣の輔弼によらず、参謀部総長（陸軍）、軍令部総長（海軍）が大権を輔弼し、議会も一切これに関与できなかった（統帥権の独立）。天皇は、また、緊急勅令（明憲8、70）、独立命令（明憲9）など議会の協賛なしに立法を行うことができ、外交では、条約締結及び宣戦講和の権（明憲13）を持ち、内政では、文武官の任免、官制の制定その他広大な行政権（明憲10）、栄誉大権（明憲15、16）、非常大権（明憲31）を掌握した。

(3)　**臣民の権利**

　　権利、自由を保障する規定はあったが、それは、「臣民の権利」として「法律の範囲内で」保障されたにすぎなかった（いわゆる法律の留保。行政府が恣意的に人民の権利を制限するのを防ぐため、立法府に権利を制限する権能を留保する原則。法律に根拠があれば、権利、自由を制限することが可能となる。）。

(4)　**権力の分立**

　　立法、行政、司法の三権を別々の国家機関に担当させるという意味で、権力分立制を採用したが、天皇は統治権を総攬し、三権を担当する機関は、天皇が祖宗から承けた大権を翼賛する機関にすぎなかった。

　ア　**立法権**

　　天皇は、帝国議会の協賛をもって立法権を行う（明憲5）。帝国議会は、貴族院、衆議院の両院から成り、衆議院は、民選議員をもって組織されたが、貴族院は、皇族、華族及び勅選の議員によって構成され、両議院の権限にも、衆議院の予算先議権のほかは、差異がなかった。

　イ　**行政権**

　　行政権は、天皇に属し、その行使に当たっては、国務大臣の輔弼を必要とした。しかし、国務大臣は、天皇に対して輔弼の責任を負うのであり（明憲55）、帝国議会に対しては、責任を負うものとはされていなかった。

　ウ　**司法権**

　　司法府は、立法府、行政府とは独立の国家機関とされたが、司法権は、天皇に属し裁判所が天皇の名においてこれを行うものとされた（明憲57）。また、特別裁判所の管轄に属すべきものは別に法律をもって定めるものとされた（明憲60）。そのため、行政処分に関する不服を扱う行政裁判所や軍隊内の問題を扱う軍法会議を設置することができた。

第2節　日本国憲法の成立

　昭和20年夏、日本は、ポツダム宣言を受諾して無条件降伏し、昭和21年4月10日、初めて女性に選挙権を認めた普通選挙による総選挙が行われ、第90回帝国議会を経て、11月3日、日本国憲法が公布され、昭和22年5月3日から施行された。

　日本国憲法の条文は、全部で103か条ある。その前書きとして書かれている前文は、誰がこの憲法を作ったのか、どのような考えに立って作ったのかを示している。したがって、憲法条文の意味を解釈しようとするとき、前文に書かれていることが大いに参考となる。前文は、主権が国民にあること、国民がこの憲法を制定することを宣言し、国民の信託による国政として、代表民主制の原理を宣明し、自由のもたらす恵沢の確保と戦争の惨禍からの解放、恒久平和の希求をうたう。日本国憲法の基本原理は、前文に現れているということができる。一般に、日本国憲法の基本原理として、国民主権、基本的人権の尊重、平和主義の三つが挙げられる。

第2編　本　　論

第1章　戦争の放棄

1　憲法9条1項は、「日本国民は、正義と秩序を基調とする国際平和を誠実に希求し、国権の発動たる戦争と、武力による威嚇又は武力の行使は、国際紛争を解決する手段としては、永久にこれを放棄する」と定め、2項は、「前項の目的を達するため、陸海空軍その他の戦力は、これを保持しない。国の交戦権は、これを認めない」と規定する。前文は、「平和を愛する諸国民の公正と信義」を信頼して、これらの規定を作ったことを示している。

2　一般に、国家間の武力闘争を「戦争」という。「国権の発動たる戦争」も同じとする説もあり、国家による戦意が表明され、戦時国際法規が適用される「戦争」を意味するとする説もある。いずれにしても、「武力の行使」も放棄されているから、国家間の武力闘争をしない趣旨である。「武力による威嚇」とは、相手国に対する要求を通すために戦力を背景にして脅すことを意味する。

3　「永久に放棄する」にかかる「国際紛争を解決する手段としては」という言葉が放棄する対象を限定する趣旨かは争いがある。国際法上の一般的用語例からすると、「国際紛争を解決する手段として」の戦争とは侵略戦争のことであり、この言葉は、放棄する対象を限定している。したがって、自衛戦争は放棄されていないと解する説があり、また、およそ戦争は「国際紛争を解決する手段として」行われるのだから、この言葉があるからといって放棄する対象が限定されることはなく、自衛戦争も含めてすべての戦争が放棄さ

れていると解する説がある。

4　１項で放棄している戦争は侵略戦争であると解する説の中で、戦力を保持しない旨の２項にかかる「前項の目的を達するため」の解釈には争いがある。「前項の目的」とは、侵略戦争放棄の目的のことであり、２項は、侵略戦争のための戦力を保持しない趣旨であって、自衛のための戦力の保持は、禁じられてはいないと解する説、「前項の目的」とは、国際平和の希求という動機を指すにとどまり、特に侵略戦争放棄の点だけを指すわけではないから、およそ戦力の保持は禁じられると解する説がある。

5　さらに、２項で保持しないこととされた「戦力」が、例示されている陸海空軍のほかどのようなものを含むのかについても争いがある。最も厳格に解する説は、戦争に役立つ潜在的能力を持つ一切と解し、港湾設備等すら含まれ、軍需生産も禁じられると解する。学界の通説は、有事に軍隊に転化し得る実力部隊が戦力に含まれると解し、人員、編成、装備、訓練、予算等から判断して、国内の治安の維持、確保を目的とする警察力を超えて、外国に対する闘争能力を有するものととらえている。これに対し、近代戦争を遂行し得る編成、装備を備えたものと解する説もある。

6　２項で「認めない」とされた「国の交戦権」とは、交戦国に国際法上認められる権利（相手国の軍事施設の破壊、船舶の臨検、だ捕等の権利）を指すと解する説と、広く戦争をする権利と解する説がある。

第2章　国民の権利及び義務

第1節　基本的人権─総論

第1項　人権の歴史

1　人権思想の誕生

　人権の思想が歴史上一番最初に生まれたのは、イギリスであった。1215年のマグナ・カルタ、1628年の権利請願、1689年の権利章典は、そのことを示す歴史的文書である。もっとも、これらの文書において宣言された権利は、イギリス人が歴史的に有していたとされていたものであって、人一般の有する普遍的な人権の観念に基づくものではなかった。

2　近代市民革命と人権の観念

　18世紀末の近代市民革命は、前国家的な権利としての人権という観念を生んだ。まず、1776年から1789年の間に、人権宣言の規定を持ったアメリカ諸州の憲法が制定された。それらの憲法は、社会契約説の影響を受けて、人権を生来の前国家的な自然権として宣言した。例えば、バージニア憲法1条は、「すべて人は生来等しく自由かつ独立しており、一定の生来の権利を有するものである。これらの権利は、人民が社会を組織するに当たり、いかなる契約によっても、その子孫からこれを奪うことはできないものである」と定めている。

　1789年のフランス人権宣言も、アメリカ諸州の憲法の人権宣言と同じ思想に基づくものである。この人権宣言1条は、「人は、自由かつ権利において平等なものとして出生し、かつ、生存する。社会的差別は、共同の利益の上にのみ設けることができる」と定め、自由と平等という人権の根本理念を宣

言している。

3　19世紀における人権思想の普及

　フランス人権宣言の思想は、ヨーロッパ諸国に普及したが、19世紀から20世紀前半にかけては、「国民」の権利を保障するものが多く、前国家的な自然権としての人権という観念は必ずしも採用されなかった。

4　社会権の保障

　自由主義の下、特に19世紀末に資本主義が高度化すると、その弊害として経済的、社会的不平等が生じるようになった。その結果、憲法の上では個人の自由と平等が宣言されているものの、現実の社会では不自由、不平等が支配する状況に至った。そのような現実を是正し、人権を実質的に保障するために登場したのが社会権である。1919年のワイマール憲法151条は、「経済生活の秩序は、すべての者に人間たるに値する生活を保障することを目的とする正義の原則に適合しなくてはならない」として、社会的弱者の保護と、そのための国家の積極的活動の義務を定めた。そして、153条3項において、「所有権は義務を伴う。その行使は、同時に公共の福祉に役立つことを要する」として、財産権がもはや不可侵の権利ではないことを宣言した。それ以降、世界各国の憲法は、多かれ少なかれ、社会権の保障を取り入れ、社会国家として国民の福祉の向上に努める義務を国家に課すようになっている。

5　人権の国際的保障

　第二次世界大戦後において、人権を国際的にも保障しようという試みが活発化した。人権の国際的保障にとって重要なのが、1966年に国連総会で採択された国際人権規約である。この規約は、「経済的、社会的及び文化的権利に関する国際規約」（社会権規約又はA規約）、「市民的及び政治的権利に関する国際規約」（自由権規約又はB規約）、自由権規約の実施を確保するための選択議定書の三つの条約からなり、締結国に対してそれを実施すべき法的義務

を課している。日本は、昭和54年に社会権規約及び自由権規約を批准した（選択議定書は未批准）。そのほかに、日本が批准している重要な人権条約としては、「結社の自由及び団結権の保護に関する条約」（昭和40年批准）、「難民の地位に関する条約」（昭和56年批准）、「女子に対するあらゆる形態の差別の撤廃に関する条約」（昭和60年批准）、「児童の権利に関する条約」（平成6年批准）、「あらゆる形態の人種差別の撤廃に関する国際条約」（平成7年批准）などがある。

6　明治憲法の人権保障

　明治憲法は、第2章「臣民権利義務」として人権を規定していた。ただ、明治憲法は、人権を自然権としてではなく、天皇が臣民に対して恩恵的に与えたものと考えていたし、また、明治憲法の人権規定は全文15か条で、伝統的な自由権の保障に限定されており、さらに、明治憲法の人権は、多くのものが「法律ノ範囲内ニ於テ」認められるとされていて（法律の留保）、立法権による人権の侵害に対しては救済が及ばなかった。また、緊急勅令（明憲8）、独立命令（明憲9）及び非常大権（明憲31）の存在によってもその保障が弱められていた。

第2項　人権の観念

　人権とは、人が人であること自体から当然に認められる権利を意味する。それは、基本的人権又は基本権と呼ばれることもある。このような人権の観念は、日本国憲法の場合、「国民は、すべての基本的人権の享有を妨げられない。この憲法が国民に保障する基本的人権は、侵すことのできない永久の権利として、現在及び将来の国民に与へられる」と定める11条や、「この憲法が保障する基本的人権は、……現在及び将来の国民に対し、侵すことのできない永久の権利として信託されたものである」という97条の規定に最もよく具体化されている。

　人権は、人が人であることに基づいて当然に有する権利であり、君主から恩恵的に与えられたものであるとか、憲法によって認められたものではない。憲法は、11条の「現在及び将来の国民に与へられる」や、97条の「信託されたもの」という文言でそのことを示しており、人権が人間の尊厳に由来し、人間に固有のものであることを意味する。

　また、人権が人間の尊厳に由来し、人間に固有のものであるということは、それが「侵すことのできない」権利であるという人権の不可侵性と密接な関係にある。不可侵性とは、法律の留保を伴った明治憲法の権利保障と異なり、すべての国家権力（行政権はもとより、立法権も含まれる。）によって侵されないという意味である。しかし、不可侵であるということは無制限であるということではない。このことは、フランス人権宣言4条が、「自由は、他人を害しないすべてをなし得ることに存する」と規定していることにも表現されているといえる。

第3項　人権の分類

1　人権の分類

(1)　日本国憲法の人権規定には、さまざまな人権が列挙されている。それらの人権を性質に応じて分類し、その特徴を明らかにすることは、人権についての理解を深め、その法的性質を明らかにするために有益である。そして、人権を自由権、社会権及び参政権に分類するのが通例である。

(2)　自由権は、国家が個人の領域に対して権力的に介入することを排除して、個人の自由な意思決定と活動とを保障する人権である。その意味から、「国家からの自由」とも呼ばれ、人権保障の確立期から人権体系の中心をなしている。その内容は、①思想及び良心の自由（憲19）、信教の自由（憲20）、表現の自由（憲21）、学問の自由（憲23）を中心とする精神的自由、②職業選択の自由（憲22）、財産権の保障（憲29）を中心とする経済的自由、③適正手続原則（憲31）をはじめとする人身の自由（憲33以下）に分けられ

る。

(3)　社会権は、資本主義の高度化に伴って生じた失業、貧困、労働条件の悪
化などの弊害から、社会的、経済的弱者を守るために保障されるに至った
人権である。社会権は、社会的、経済的弱者が国家に対して積極的な配慮
を要求する権利であり、「国家による自由」である。社会権の総則的規定
が生存権（憲25）であり、教育を受ける権利（憲26）、勤労の権利（憲27）、
労働基本権（憲28）がある。

(4)　参政権は、国民が国政に参加する権利であり、「国家への自由」という
ことができる。広義の参政権としては、憲法改正国民投票（憲96）、最高
裁判所裁判官の国民審査権（憲79Ⅱ）があるが、最も重要なのは選挙権（憲
15）である。

(5)　以上の分類に含まれないものとして、①憲法13条で保障される権利、②
法の下の平等（憲14）、③受益権（国務請求権）がある。①は、憲法明文で
規定されていない人権を導き出す根拠となる規定であり、人権の総則的規
定である。また、②は、公権力によって不当に差別されない権利という意
味で自由権ともいえるが、国家に対してすべての国民を平等に扱うことを
要求する憲法上の基本原則とみることもできる。③は、裁判を受ける権利
（憲32）、請願権（憲16）等をいい、古くから自由権とともに保障されてき
た権利である。

2　人権の分類の相対性

人権の分類に当たって特に注意すべきことは、人権の類型化を絶対的なも
のと考えてはいけないということである。例えば、表現の自由から導き出さ
れるとされる知る権利は、単に、情報の受領を妨げられないという自由権と
しての性格を有するのみでなく、情報の公開を請求する請求権的な性格をも
有しているとされている。他方、教育を受ける権利や生存権などの社会権も、
公権力によって不当に制限されてはならないという自由権的な側面も有して
いる。したがって、それぞれの権利の性質を固定的に考えて厳格に分類する

ことは適当ではなく、個々の問題状況に応じて柔軟に考えていくことが重要なのである。

第4項　人権の享有主体

人権は普遍的な性格を有し、人種、性別、社会的身分などの区別に関係なく平等に享有できる権利であるが、日本国憲法は、世襲の天皇制を規定し（憲2）、また第3章は「国民の権利及び義務」と題して、権利の主体を国民に限定する外観をとっている。そこで、国民の範囲をどのように考えるか、人権享有主体性をどのように解するかということが問題となる。

1　国　　民

日本国憲法は、その第3章を「『国民の』権利及び義務」と題しており、随所に人権享有の主体が国民であることを示す規定を有している（憲11〜15、25〜27、97）。憲法は、第3章冒頭の10条で、「日本国民たる要件は、法律でこれを定める」と規定している。国民たる資格を国籍といい、日本国籍取得の要件は国籍法が定めている。国籍法によると、国籍の取得には出生による場合と帰化による場合とがある。出生による取得には、親の血統に従って親と同じ国籍を子に取得させる血統主義と、出生地国の国籍を子に取得させる出生地主義とがあるが、国籍法は、血統主義を原則とし、例外的に出生地主義を認めている（国籍2）。帰化による取得は、一定の要件を満たした外国人に対する法務大臣の許可によってなされる（国籍4以下）。

2　天皇及び皇族

天皇及び皇族は日本国籍を有するが、現行法上、一般国民とは異なる特例が数多く認められている。例えば、天皇及び皇族には選挙権が認められていないし、「両性の合意のみに基づいて成立」するとされている婚姻（憲24）も自由ではない（典10）。また、天皇に職業選択の自由があるとは考えられ

ていない。そこで、天皇及び皇族が人権を享有するといえるかが問題となり、肯定説と否定説とがある。

　肯定説は、基本的には天皇及び皇族も人権を享有すると解しながらも、天皇の憲法上の地位の特殊性や皇位の世襲制という観点から、一般国民とは異なった取扱いが許されるとする。これに対し、否定説は、皇位の世襲制という点を重視して、天皇及び皇族は、「門地」によって国民から区別された特別の存在であって、人権の享有主体ではないとする。もっとも否定説も、世襲の天皇制の維持にとって必要最小限のものを除き、天皇及び皇族が一般国民とできるだけ同様に扱われるべきであるとするので、両説の間に実際上の差異はあまりない。

3　法　　人

　人権は個人の権利であるから、憲法が人権の享有主体として個人、すなわち自然人を念頭においていることは明らかである。しかし、経済の発展に伴い、法人その他の団体の活動の重要性が増大し、法人もまた人権の享有主体であると解されるようになった。例えば、ドイツ連邦共和国基本法19条3項は、「基本権は、その性質上国内法人に適用されうるかぎり、これにも適用される」と定めている。我が国でも、人権規定が性質上可能なかぎり法人にも適用されることは判例、通説の認めるところであり（八幡製鉄政治献金事件最高裁判決（最判昭45.6.24民集24-6-625）は、「憲法第3章に定める国民の権利および義務の各条項は、性質上可能なかぎり、内国の法人にも適用されるものと解すべきである」としている。）、経済的自由権や、裁判を受ける権利のような国務請求権、住居の不可侵などの刑事手続上の諸権利は法人にも適用される。精神的自由権については、結社の自由のほか、宗教法人が信教の自由を、報道機関が報道の自由を、学校法人が学問及び教育の自由を享有できる。これに対して、肉体の存在を前提とした奴隷的拘束からの自由などの人身の自由や選挙権などは法人とは関係がない。

4　外　国　人

(1)　総　　説

　　外国人（日本国籍を有しない者。無国籍を含む。）が日本国憲法における人
権の享有主体となりうるかについては、日本国憲法が、人権を前国家的な
生来の権利であるという思想に基づいて人権規定を設け、また、国際協調
主義を採用しているということから、外国人の人権享有主体性を認めるの
が通説である。保障される人権の範囲について通説は、人権の性質を検討
して、外国人にも可能なかぎり保障が及ぶとしている。判例も、マクリー
ン事件判決（最判53.10.4民集32-7-1223）において、「憲法第3章の諸規定に
よる基本的人権の保障は、権利の性質上日本国民のみをその対象としてい
ると解されるものを除き、わが国に在留する外国人に対しても等しく及ぶ
ものと解すべきであ」るとしている。そこで、問題は、どのような人権で
あれば外国人も享有できるかということである。

(2)　保障される人権の範囲

ア　入国の自由

　　入国の自由が外国人に保障されないことは、今日の国際慣習法上当然
であると解するのが通説、判例（最判昭32.6.19刑集11-6-1663）である。

イ　参政権

　　従来、参政権は、主権者である国民が自己の属する国の政治に参加す
る権利であるので、その性質上、国民にのみ認められる権利であるとし
て、外国人の選挙権、被選挙権を否定するのが支配的見解であった。し
かし、近時は、国政レベルと地方自治体レベルとを分けて考える見解が
有力である。それによると、国政レベルについては参政権の保障は認め
られないとしても、地方自治体レベルでは、地方の生活に密着した問題
を住民の意思に基づいて処理するのが憲法の保障する地方自治制度の趣
旨であることからすれば、地域内で生活している外国人に選挙権を認め
ることは憲法上許されるとしている。判例（最判平7.2.28民集49-2-639）
も、憲法93条2項が外国人の選挙権を保障したものということはできな

いとしつつも、「我が国に在留する外国人のうちでも永住者等であって
その居住する区域の地方公共団体と特段に緊密な関係を持つに至ったと
認められるものについて、その意思を日常生活に密接な関連を有する地
方公共団体の公共的事務の処理に反映させるべく、法律をもって、地方
公共団体の長、その議会の議員等に対する選挙権を付与する措置を講ず
ることは、憲法上禁止されてい」ないとしている。

　参政権に関連して、外国人が公務員に就任することができるかどうか
も問題となる。一般の公務員については、法律上の制限はないが、国や
多くの地方公共団体においては、「公務員に関する当然の法理として、
公権力の行使または国家意思の形成への参画にたずさわる公務員となる
ためには、日本国籍を必要とする」という内閣法制局見解に基づき、公
務員の採用に際して国籍条項を設けてきた。しかし、近時、地方公共団
体の中には、地方公務員の資格要件から国籍要件を撤廃するものも出始
めている。

ウ　**社会権**

　社会権については、従来、各人の所属する国によって保障されるべき
権利であり、外国人に保障しないとしても合憲とされていた。しかし、
最近では、一定の要件を有する外国人に憲法の保障を及ぼす法律が社会
権の性質に矛盾するわけではないとして、外国人にも社会権を保障する
立法を肯定する見解が強まってきている。実際にも、国際人権規約や難
民の地位に関する条約の批准に対応するため、昭和56年に社会保障関係
法令の国籍要件は原則として撤廃された。

エ　**自由権**

　参政権や社会権と異なり、国家の干渉を受けない自由である自由権は、
性質上外国人にも保障されるべき人権であるとされている。しかし、経
済的自由権については、現行法上、職業選択の自由の制限（公証人法12
Ⅰ等）や財産権の制限（外国人土地法等）が存在する。また、精神的自由
権のうちでも政治活動の自由は、参政権の行使ともかかわるので、我が

国の政治問題に対する不当な干渉にならないかぎり認められるとされている（前掲マクリーン事件判決も、「政治活動の自由についても、わが国の政治的意思決定又はその実施に影響を及ぼす活動等外国人の地位にかんがみこれを認めることが相当でないと解されるものを除き、その保障が及ぶものと解するのが、相当である」としている。）。

第2節　基本的人権の限界

第1項　人権の限界と公共の福祉

1　人権の限界

　日本国憲法は、11条や97条にあるとおり、「侵すことのできない永久の権利」である基本的人権を保障している。しかし、現実の社会においては、人権をいかなる場合にも制限されない権利であると考えるわけにはいかない。そもそも、すべての人が人権を享有する以上、人権同士の衝突を避けることはできないので、人権の制約が問題となる。

2　人権と公共の福祉との関係についての学説の流れ

　日本国憲法は、12条で、国民は、基本的人権を「公共の福祉のために」利用する責任を負うとし、また、13条で、基本的人権については、「公共の福祉に反しない限り」国政の上で最大の尊重を必要とすると定めている。また、22条と29条には、公共の福祉による制限が明示されている。これらの規定との関係で、公共の福祉が人権を制限する根拠となるかどうかが、憲法制定当初から議論されてきた。

　この点については、まず、すべての人権は、公共の福祉によって制限され、12条と13条の「公共の福祉」は、人権一般を制限する根拠となるとする見解が主張された（22条と29条の「公共の福祉」は、特別の意味を持たない。）。これに

対し、公共の福祉とは、国家の政策的規制を意味し、そのような公共の福祉によって制限されるのは、明文で制限を認めている22条と29条の場合のみであり、12条と13条は訓示的、倫理的規定であって、一般的な人権制限の根拠とはならないとする見解が主張された。さらに、以上の二つの見解を総合する形で、次のような見解が主張された。その見解は、①公共の福祉は、人権相互の矛盾や衝突を調整するための実質的公平の原理であって、この意味での公共の福祉による制限はすべての人権に内在している、②公共の福祉は、13条のように、自由権を各人に公平に保障するために必要最小限度の規制のみを認める自由国家的公共の福祉と、22条や29条のように、社会権の実質的保障のために社会的強者の自由を政策的に規制する社会国家的公共の福祉に分けられる、と主張した。

　その後、学説の関心は、具体的な人権制限の合憲性の判断方法へと移行し、アメリカの判例理論の影響を受けて、比較衡量論と二重の基準論とが主張された。比較衡量論とは、具体的な事件において、人権を制限することによって得られる利益と、人権を制限することによって失われる利益（又は人権を制限しないことによって維持される利益）とを比較衡量し、前者が後者より大きい場合にはその人権制限を合憲とし、後者の方が大きい場合には違憲とする判断方法である。

　二重の基準論とは、精神的自由と経済的自由とを区別し、精神的自由は、経済的自由よりも優越的地位を占め、その結果、人権を規制する法律の合憲性審査に当たって、経済的自由の規制が、立法府の裁量を尊重して緩やかな基準で審査されるのに対して、精神的自由の規制は、より厳格な基準によって審査されなければならないという理論である。この二重の基準論の根拠としては、一般に、①精神的自由が、民主的な政治過程にとって不可欠な権利であることなどを理由とする精神的自由の重要性や、②経済的自由を規制する法律についての裁判所の審査能力の限界、といったことが挙げられている。

第2項　特別な法律関係における人権の限界

1　日本国憲法と特別権力関係

　明治憲法下で支配的であった理論として、特別権力関係論がある。特別権力関係論とは、特別の公法上の原因（法律の規定又は本人の同意）によって公権力と国民との特別の法律関係（「特別権力関係」）が成立し、そこにおいては、次のような法原則が妥当すると説く理論である。それは、①公権力は、包括的な支配権を有し、個々の場合に法律の根拠がなくても、特別権力関係に服する私人を包括的に支配することができること、②公権力は、特別権力関係に服する私人に対し、一般国民として有する人権を法律の根拠がなくても制限することができること、③特別権力関係内部における公権力の行為は、原則として司法審査に服さないこと、である。

　しかし、このような特別権力関係論は、基本的人権の尊重を基本原理とし、法の支配の原理を採用し、さらに、国会を唯一の立法機関とした日本国憲法上では採用することはできない。むしろ、問題となる法律関係ごとに、どのような人権がどのような目的によりどの程度制約されるのかを検討することが必要である。そして、具体的には、在監者や公務員について、一般国民とは異なる種々の人権の制約がされており、その合憲性が問題となっている。

2　刑事施設に収容された被収容者の人権

　被収容者とは、刑事施設に強制的に収容されている者のことで、自由刑の受刑者のほかに、未決拘禁の被告人又は被疑者、死刑囚、労役場留置者を含むものである。このような被収容者については、集会及び結社の自由や職業選択の自由などが制約されているほか、刑事収容施設及び被収容者等の処遇に関する法律及び同法施行規則によって、図書や新聞の閲読・信書の発受などの制限や、飲酒、喫煙の禁止が定められている。現在の有力な学説は、憲法における人権尊重の原理や法の支配の徹底ということからみて、被収容者

の人権制約の根拠は、憲法18条や31条などが刑事施設への収容関係の存立と
自律性を憲法秩序の構成要素として認められていることに基づくとし、人権
に対する制約は、収容目的（拘禁の確保や刑事施設内の秩序維持などのほか、受
刑者の場合には矯正教化が、未決拘禁者の場合には逃亡、証拠隠滅防止が、目的とな
る。）との関係で、その目的を達成する上で必要最小限度の範囲内でなけれ
ばならないとしている。

　判例は、未決拘禁者に対する新聞閲読の制限が知る権利を制限するか否か
が争われた「よど号」ハイジャック新聞記事抹消事件で、閲読の自由が、憲
法19条、21条から派生するものであり、また13条の趣旨にも沿うものとした
上で、その制限が許されるのは、「監獄（現・刑事施設）内の紀律及び秩序の
維持上放置することのできない程度の障害が生ずる相当の蓋然性がある」場
合であるとした（最判昭58.6.22民集37-5-793）。

3　公務員の人権

　公務員の人権については、国家公務員の政治活動の自由の制限（国公102、
人規14-7）と、公務員、国営企業職員の労働基本権の制限（国公98Ⅱ、地公
37、特定独立行政法人等の労働関係に関する法律17等）が特に問題となる。有力
な学説は、公務員の人権制限の根拠を、憲法が公務員関係という特殊な法律
関係の存立と自律性を憲法秩序の構成要素として認めていることに求め（憲
15、73④）。その制限は必要最小限度のものでなければならないとする。

　最高裁は、郵便局員による勤務時間外の選挙ポスター配布などの政治活動
が、国家公務員法違反として起訴された猿払事件において、行政の中立的運
営とこれに対する国民の信頼の確保という規制目的は正当であり、また目的
と目的達成手段との関連性について、「公務員の政治的中立性を損うおそれ
があると認められる政治的行為を禁止することは、禁止目的との間に合理的
な関連性がある」とした上で、政治的行為を禁止することによって失われる
利益と得られる利益は均衡を失しないと判示した（最判昭49.11.6刑集
28-9-393）。公務員の労働基本権の制限に関する判例は、70ページ参照。

第3項　私人間における人権の保障と限界

　憲法の基本的人権の規定は、公権力との関係で国民の権利、自由を保障する
ものと考えられてきた。しかし、資本主義の進展に伴い、企業や労働組合など
の強力な私的団体が多数生まれ、それらによって一般国民の人権が脅かされる
という事態が生じた。そこで公権力との関係のみでなく、私人間においても、
国民の人権を保護する必要があるのではないかが問題となった。もっとも、憲
法15条4項のように明文で私人間にも適用されている場合や、16条、18条、24
条、27条3項、28条のように規定の趣旨、目的から私人間にも適用されると解
される場合については、私人間に直接憲法の人権規定が適用されることは争い
がない。問題となるのはその他の人権についてであり、次のとおり見解が分か
れている。

　人権規定の私人間における効力について、学説は、大別すると、直接適用説
（直接効力説）と間接適用説（間接効力説）とに分かれる。直接適用説は、憲法の
人権規定が私人間にも直接適用され、効力を有するという見解である。しかし、
この見解に対しては、私人間の行為が人権規定に違反し無効であるという形で
国家権力が私人間に介入し、国家権力から国民の権利、自由を保護するという
人権の意義が見失われないか、市民社会の基本原則である私的自治の原則が害
され、市民社会の独自性と自律性を損なわないかなどの問題が指摘されてい
る。これに対し、間接適用説は、憲法の人権規定は私人間には直接適用される
ものではないが、法律の概括的条項、特に公序良俗に反する法律行為は無効で
あると定める民法90条のような私法の一般条項を、憲法の趣旨を取り込んで解
釈、適用することによって、間接的に私人間の行為を規律しようとする見解で
あり、この間接適用説が通説となっている。

　判例は、学生運動経験等を入社試験時に申告しなかったことを理由として、
3か月の試用期間経過後にされた解雇の効力が争われた三菱樹脂事件におい
て、憲法19条、14条の「各規定は、同法第3章のその他の自由権的基本権の保

障規定と同じく、……もっぱら国または公共団体と個人との関係を規律するものであり、私人相互の関係を直接規律することを予定するものではない」として直接適用説を否定した上で、「私的支配関係においては、個人の基本的な自由や平等に対する具体的な侵害またはそのおそれがあり、その態様、程度が社会的に許容しうる限度を超えるときは、これに対する立法措置によってその是正を図ることが可能であるし、また、場合によっては、私的自治に対する一般的制限規定である民法1条、90条や不法行為に関する諸規定等の適切な運用によって、一面で私的自治の原則を尊重しながら、他面で社会的許容性の限度を超える侵害に対し基本的な自由や平等の利益を保護し、その間の適切な調整を図る方途も存するのである」と述べて、間接適用説を採用した（最判昭48.12.12民集27-11-1536）。その後も最高裁は、男子60歳、女子55歳の定年制を定める就業規則の効力が争われた日産自動車事件判決においても、「就業規則中女子の定年年齢を男子より低く定めた部分は、専ら女子であることのみを理由として差別したことに帰着するものであり、性別のみによる不合理な差別を定めたものとして民法90条の規定により無効であると解するのが相当である（憲法14条1項、民法1条ノ2参照）」として（最判昭56.3.24民集35-2-300）、間接適用説に立っている。

第3節　生命、自由及び幸福追求に対する国民の権利と法の下の平等

第1項　生命、自由及び幸福追求に対する国民の権利

1　「生命、自由及び幸福追求に対する国民の権利」の意義

　日本国憲法の人権規定は詳細であるが、その人権規定は歴史的に国家権力によって侵害されることの多かった重要な権利、自由を列挙したもので、すべての人権を網羅的に掲げたものではない。そしてまた、現代社会の情報化、

技術化の進展に伴い、憲法制定当時には考えられなかったような人権侵害が生じるおそれもある。したがって、憲法が列挙している人権のほかにも、「新しい人権」を憲法上の権利として承認し、憲法上の保護を及ぼすことが必要となる。そのような新しい人権を導き出す憲法上の根拠となるのが、憲法13条の「生命、自由及び幸福追求に対する国民の権利」（この権利を、学説は、包括して「幸福追求権」と呼んでいる。）である。

　学説上、この幸福追求権については、従来、憲法に掲げられた個別的人権の総称や国家の個人尊重の心構えを示すものなどとされていたが、最近では、個人の人格的生存にとって必要不可欠な権利、自由を包摂する一般的包括的な権利であり、この幸福追求権によって基礎づけられる個々の権利は、裁判上の救済を受けることができる具体的権利であるとされている。また、この幸福追求権を保障する13条と個別的人権を保障する規定との関係については、一般法（幸福追求権）と特別法（個別的人権）の関係にある（したがって、個別的人権規定が優先的に適用され、個別的人権規定が妥当しない場合に限って13条が適用される。）と解している。

2　具体的内容

　有力な学説は、裁判所が憲法上の権利として承認する場合には、個人の人格的生存にとって不可欠であるか、その行為が社会において伝統的に個人の自律的決定にゆだねられてきたか、その行為によって他人の人権を侵害するおそれがないかなどの要素を考慮して、慎重に行うべきである、とする。これまでに新しい人権として主張されたものは、プライバシーの権利、環境権、嫌煙権、日照権、眺望権、平和的生存権、自己決定権など多数あるが、ここではプライバシーの権利について説明する。

　プライバシーの権利は、アメリカの判例理論の中で「ひとりで放っておいてもらう権利」として展開、確立したものであり、日本では「宴のあと」事件第一審判決（東京地判昭39.9.28下民集15-9-2317）が「私生活をみだりに公開されない法的保障ないし権利」と定義して以来、憲法上保障されるものであ

ることが認められるようになった。

　このようにプライバシーの権利は、伝統的には、個人の私的領域に他者を無断で立ち入らせないという消極的な権利として理解されてきた。しかし、情報化社会の進展とともに国や企業による個人情報の収集、保管が進んだことから、プライバシーを、より積極的に「自己に関する情報をコントロールする権利」（情報プライバシー権）ととらえ、国や企業が保持している個人情報に対して自らのコントロールを及ぼすことを認めるべきであるとする見解が現れた。この見解によれば、自己に関する情報の閲覧、訂正を請求する権利が認められるべきであるとされている。このプライバシーの保護に関連するものとしては、地方公共団体の条例（各地方公共団体の個人情報保護条例）や、「個人情報の保護に関する法律」がある。

　プライバシーの権利に関する判例としては、デモ行進に際して、警察官が犯罪捜査のために行った写真撮影の適法性が争われた事件において、「個人の私生活上の自由の一つとして、何人も、その承諾なしに、みだりにその容ぼう・姿態…を撮影されない自由を有するものというべきである。これを肖像権と称するかどうかは別として、少なくとも、警察官が、正当な理由もないのに、個人の容ぼう等を撮影することは、憲法13条の趣旨に反し、許されないものといわなければならない」と判示したもの（最判昭44.12.24刑集23-12-1625）や、地方公共団体が弁護士法23条の2に基づく照会に対して前科を回答した行為の違法性が争われた事件において、「前科及び犯歴……は人の名誉、信用に直接かかわる事項であり、前科等のある者もこれをみだりに公開されないという法律上の保護に値する利益を有する」と判示したもの（最判昭56.4.14民集35-3-620）や、外国人に対する指紋押なつ制度を定める外国人登録法の規定の合憲性が争われた事件において、「指紋は、指先の紋様であり、それ自体では個人の私生活や人格、思想、信条、良心等個人の内心に関する情報となるものではないが、性質上万人不同性、終生不変性をもつもので、採取された指紋の利用方法次第では個人の私生活あるいはプライバシーが侵害される危険性がある」とした上で、「憲法13条は、国民の私生活

上の自由が国家権力の行使に対して保護されるべきことを規定していると解されるので、個人の私生活上の自由の一つとして、何人もみだりに指紋の押なつを強制されない自由を有するものというべきであり、国家機関が正当な理由もなく指紋の押なつを強制することは、同条の趣旨に反して許されず、また、右の自由の保障は我が国に在留する外国人にも等しく及ぶと解される」と判示したもの（最判平7.12.15刑集49-10-842）がある。なお、指紋押なつ制度は、平成11年の外国人登録法の改正により全廃された。

第2項　法の下の平等

1　平等の原理

　「法の下の平等」の原理は、自由とともに近代法における大原則であり、それは、何よりもまず、封建的身分制度に対する抵抗の原理として主張された。アメリカ独立宣言が、「すべての人間は平等に造られ」といったのは、この平等の原理を宣言したものであり、フランス人権宣言も、1条で「人は、自由かつ権利において平等なものとして出生し、かつ、生存する」として、平等の原理を明定している。その後の近代憲法は、この平等の原理を、不可欠の要素としている。

　日本でも、明治維新以来この平等の原理が根を下ろし始めた。封建的な士農工商の身分制度を廃止して、四民平等とし、特に武士の廃止、その特権の剥奪、部落解放などを行った。この平等の原理は、明治憲法でも採用されたが、不徹底なものであった。この原理を宣言した条文は置かれず、ただ、19条が、「日本臣民ハ法律命令ノ定ムル所ノ資格ニ応シ均ク文武官ニ任セラレ及其ノ他ノ公務ニ就クコトヲ得」と定めたのみであって、この「均ク」がわずかに平等の原理を示しているにすぎなかった。一方、華族制度を制定し、男女も、選挙権や家族制度において不平等であった。

　日本国憲法は、これに対して平等の原理を、世界の人権宣言の流れに従って徹底させた。その14条1項は、「すべて国民は、法の下に平等であつて、

人種、信条、性別、社会的身分又は門地により、政治的、経済的又は社会的関係において、差別されない」と平等の原理を明確に定めている。このほかにも、24条は両性の本質的平等を、26条は教育を受ける権利の平等を、44条は選挙権、被選挙権の平等を、それぞれ規定している。

2　平等の意義

(1)　形式的平等と実質的平等

　平等の観念は多様であり、異なったニュアンスを含んでいる。まず、形式的平等と実質的平等の区別がある。形式的平等とは法律上の均一的取扱いを意味し、事実上の違いにもかかわらず一律に同等に扱うことを求めるのに対して、実質的平等とは事実上劣位のものを有利に扱うなどして、結果が平等になることを求めるものである。例えば、租税の賦課に際して、各人の収入に比例して租税負担を課するのが形式的平等であるのに対して、高収入の者により大きい負担を課する累進課税は実質的平等の観念に基づくものである。

(2)　絶対的平等と相対的平等

　絶対的平等とは、各人について事実上の差異を考慮することなく、各人すべてを画一的に取り扱うものであり、相対的平等とは、各人についての事実上、実質上の差異を前提に、それぞれの差異に応じて異なった取扱いを認めるものである。平等の意味を相対的平等と解すると、恣意的な差別は許されないが、合理的な理由に基づく異なる取扱いは許されることになる。憲法14条1項の「平等」については、相対的平等であると解するのが、判例、通説である。

3　平等原則の具体的内容

(1)　「法の下に平等」の意味

　「法の下に平等」（英訳では equal under the law）とは、フランス人権宣言が「権利において平等（egaux en droits）」といい、ワイマール憲法が「法

律の前に平等（vor dem Gesetz gleich）」といっているのと全く同じ意味に解される。「法」とは、国会の議決によって成立する「法律」に限られず、すべての実質的意味の法を含む。すなわち、政令、細則、条例、規程などの成文法のみならず、慣習法も含まれる。行政庁の処分も含むと解すべきである。「の下に」とは、法の適用の平等のみならず、法の定立における平等の意味を当然に含む。すなわち、平等の原則は、法の適用に当たる行政権、司法権のみならず、法の定立に当たる立法権をも拘束するものである。

(2)　**14条1項後段の事由**

14条1項後段は、法の下の平等における差別の原因となると思われる五つの事由を列挙している。これは、制限列挙ではなくて、例示列挙であるから、もちろん、これ以外の差別待遇の原因が考えられるときは、それも排除されることは当然である。

ア　「人種」

人種とは、人類学上の種別であり、皮膚の色、毛髪、骨格などによる区分である。日本では、アメリカなどと異なり、これまで人種差別は法的には問題とされることは少なかったが、アイヌ民族問題などが存在する。アイヌ民族問題に関しては、明治32年制定の北海道旧土人保護法に代えて、平成9年に「アイヌ民族文化の振興並びにアイヌの伝統等に関する知識の普及及び啓発に関する法律」が制定された。

イ　「信条」

信条とは、本来主として、宗教上の信仰を意味すると解されているが、ここでは、それのみならず、思想上の信念又は主義をも含む。国家公務員法27条（「信条」と規定）、労働基準法3条（「信条」と規定）、労働組合法5条2項4号（「宗教」と規定）は、それぞれ信条による差別を禁止している。

ウ　「性別」

男女の別を意味する。明治憲法下の女性の地位の、男性の地位に対す

る不平等差別をなくしたところに意義がある。家族関係に関する24条、選挙権、被選挙権に関する44条など、同じ憲法の他の条文においても、女性の地位を男性と平等にする規定を置いている。なお、憲法の制定を機に、民法総則における妻の従属的地位の改革、親族編、相続編の全面改正が行われ、刑法からも姦通罪が削除された。ただ、男女平等といっても、男女の間には、生理的な違いがあるから、その肉体的、生理的な違いに応じて、法律上の取扱いを異にすることは許される。ただ、その場合でも、生理的な違いを利用して、女性の地位を男性に従属的に定めるような差別をすることは、許されない。

　この男女平等の保障の一つとして、昭和60年に「女子に対するあらゆる形態の差別の撤廃に関する条約」が批准され、それに伴い「雇用の分野における男女の均等な機会及び待遇の確保等に関する法律」（男女雇用機会均等法）が制定された。

　エ　「社会的身分」、「門地」

　　社会的身分とは「人が社会において占める継続的な地位」である（最判昭39.5.27民集18-4-676）。また、門地とは家柄のことをさす。戦前における華族と平民との区別などは、門地による差別として許されない。華族制度は憲法14条2項で廃止されている。

(3)　「政治的、経済的又は社会的関係」の意味

　憲法14条1項後段に掲げられた事由は以上の五つであるが、前述のとおり、差別禁止事由はそれらに限られない。14条1項はそれらの事由も含めて、政治的、経済的、社会的関係において差別されないと定める。ここでいう政治的関係とは、選挙権、被選挙権などをいい、経済的関係とは、財産の収用や租税の賦課などを指し、社会的関係とは、それ以外の関係を意味するとされている。

(4)　平等違反の判定基準

　前述のとおり、判例、通説は、平等の意味を相対的平等と解し、合理的な区別を認める。しかし、さまざまの事例において、具体的に何が合理的

な取扱いで、何が不合理な差別であるのかを区別することは、実際には容易ではない。そこで、最近の学説においては、異なった取扱いの中でも、憲法14条1項後段の列挙事由に基づく場合はそれ以外の場合に比べて、また重要な人権（重要な人権かどうかについては、前述の二重の基準の考え方に基づくとされる。）にかかわる場合はそれ以外の場合に比べて、それぞれ厳しい基準で判断される、という見解が有力である。

4　14条2項、3項

14条の2項以下は、1項に定めた法の下の平等の原則の具体化のうちで、最も重要と目されたものを示したものである。

(1)　貴族制度の廃止

憲法は、「華族その他の貴族の制度は、これを認めない」（憲14Ⅱ）と定める。これによって、明治憲法下で存在した華族の制度は廃止された。皇族は、ここでいう貴族に当たると考えられるが、憲法が特に天皇制を認めていることに伴う例外と解される。

(2)　栄典の授与に伴う特権の禁止

憲法は、「栄誉、勲章その他の栄典の授与は、いかなる特権も伴はない。栄典の授与は、現にこれを有し、又は将来これを受ける者の一代に限り、その効力を有する」（憲14Ⅲ）と定める。「栄典」とは、名誉を表彰するために与えられた特殊の地位のことであり、「特権」とは、一般国民なら負うべき負担の免除又は一般国民には与えられない利益の供与を指す。

5　憲法14条違反が問題となった裁判例

憲法14条違反が問題となった事例は数多いが、ここでは尊属殺重罰規定の合憲性の問題と議員定数不均衡の合憲性の問題について述べる。

(1)　尊属殺重罰規定の合憲性

平成7年改正前の刑法200条は、「自己又ハ配偶者ノ直系尊属ヲ殺シタル者ハ死刑又ハ無期懲役ニ処ス」として、普通殺人に比べて尊属殺人に重罰

を科していた。このように尊属殺人を特別に扱うことが、法の下の平等の
原則に反しないかどうかが、問題となった。最高裁は、当初、親子関係等
を支配する道徳は「人倫の大本」であるとしてこの規定を合憲と解してき
た。しかし、後に最高裁は、尊属に対する尊重報恩という道義を保護する
という立法目的は合理的であるが、刑の加重の程度が極端であって、立法
目的達成手段として不合理であるとして、違憲と判示した（最判昭48.4.4刑
集27-3-265。なお、6名の裁判官は、立法目的自体が違憲であるとした。）。なお、
その後、尊属殺重罰規定は、刑法205条2項の尊属傷害致死罪の規定など
ともに、平成7年の刑法改正の際に削除された。

(2)　議員定数不均衡の合憲性

　　国会議員の選挙において、各選挙区の議員定数の配分に不均衡があり、
そのため、人口数（又は有権者数）との比率において、選挙人の投票価値
（1票の重み）に違いが存在することが違憲ではないか、という問題がある。
　　最高裁は、当初、参議院議員選挙について、1対4程度の差では、立法
政策の当否の問題にとどまり違憲とはならないとしたが（最判昭39.2.5民集
18-2-270）、その後、昭和47年12月に実施された衆議院議員選挙について、
人口比例主義を最も重要かつ基本的基準として、1対4.99ではもはや国会
の合理的裁量の限界を超え、選挙権平等の原理に反して違憲であるとした
（最判昭51.4.14民集30-3-223。ただし、行政事件訴訟法31条所定の「事情判決」と
いう法理を援用して、当該選挙は有効とした。）。そして、昭和55年6月実施の
衆議院議員選挙について、1対3.94では憲法の選挙権の平等の要求に反す
る程度に至っているが、いまだその是正が憲法上要求される合理的期間内
になされなかったと断定することはできないとして、違憲としなかった
（最判昭58.11.7民集37-9-1243）。しかし、ついで、昭和58年12月実施の衆議
院議員選挙について、前回の昭和55年選挙時の不平等状態が、昭和58年選
挙時には漸次拡大して1対4.40までなっていたのにもかかわらず、この間
に何らの較差の是正がなされていない、として上記選挙当時の議員定数配
分規定は違憲である（ただし、上記昭和51年判決と同様に、事情判決の法理の援

用により、選挙は有効）と判断している（最判昭60.7.17民集39-5-1100）。その後、最高裁は、衆議院議員選挙について、昭和63年、平成7年、平成11年、平成30年に合憲判決をし（最判昭63.10.21民集42-8-644、最判平7.6.8民集49-6-1443、最判平11.11.10民集53-8-1441、最判平30.12.19民集72-6-1240）、平成5年、平成23年、平成25年、平成27年に、投票価値の格差は憲法の選挙権の平等の要求に反する程度に至っているが、上記昭和58年判決と同様の法理により違憲としないとの判断をしている（最判平5.1.20民集47-1-67、最判平23.3.23民集65-2-755、最判平25.11.20民集67-8-1503、最判平27.11.25民集69-7-2035）。

　一方、参議院議員地方区（現行の選挙区に相当）の選挙については、衆議院と異なる地域代表的性格を重視して、1対5.26や1対5.85でも直ちに違憲とはいえないとした（最判昭58.4.27民集37-3-345、最判昭63.10.21集民155-65）が、1対6.59に至った事案については違憲の問題が生じる程度の投票価値の著しい不平等状態にあるとした（最判平8.9.11民集50-8-2283。もっとも、結論としては、衆議院議員選挙に関する昭和58年判決と同様の法理により、違憲としなかった。）。その後、最高裁は、参議院議員選挙について、平成10年、平成12年、平成16年、平成18年、平成21年、平成29年、令和2年に合憲判決をし（最判平10.9.2民集52-6-1373、最判平12.9.6民集54-7-1997、最判平16.1.14民集58-1-56、最判平18.10.4民集60-8-2696、最判平21.9.30民集63-7-1520、最判平29.9.27民集71-7-1139、最判令2.11.18民集74-8-2111）、平成24年、平成26年に、投票価値の不均衡は違憲の問題が生ずる程度の著しい不平等状態に至っていたが、上記衆議院議員選挙に関する昭和58年判決と同様の法理により違憲としないとの判断をしている（最判平24.10.17民集66-10-3357、最判平26.11.26民集68-9-1363）。

第4節　精神的自由

第1項　思想及び良心の自由

1　思想及び良心の自由の沿革

　憲法19条は、「思想及び良心の自由は、これを侵してはならない」と定める。思想及び良心の自由は、内面的精神活動の自由の中でも、最も根本的なものである。これは、戦前の思想弾圧の経験を踏まえて、規定された。

2　思想及び良心の自由の保障の意味

　19条が保障する「思想」と「良心」の意味については、特に区別する必要がなく、「思想及び良心」とは、併せて人の精神活動の中核となる内面の精神活動を総称するものと解する見解が有力である。

　このような思想及び良心の自由を「侵してはならない」とは、第1に、人の精神活動が内心にとどまるかぎり保障は絶対的であり、国家による干渉は一切受けないということである。したがって、特定の思想を強制したり、特定の思想を持つことを禁止するというようなことは許されないし、また、特定の思想を抱いていることを理由に不利益を課すことも禁止される。第2に、沈黙の自由の保障を意味する。沈黙の自由とは、個人が内心で抱いている思想を告白するよう強制されない自由である。したがって、国家権力が個人の内心の思想を表明するように強制したり、江戸時代における踏絵のように何らかの行為を強制することによって内心を推知したりすることは許されない。国家による個人の思想に関する調査も許されない。

3　思想及び良心の自由の限界

　思想及び良心の自由は、前述のとおり、内心にとどまるかぎり絶対的に保障されるが、思想の表明という外部行為としてあらわれるときには、その限

界が問題となる。

　思想及び良心の自由の侵害が争われた事件としては、判決で名誉毀損行為に関し謝罪広告を命じることが、思想及び良心の自由を侵害するかが争われた事件がある。この事件で、最高裁は、「単に事態の真相を告白し陳謝の意を表明するに止まる程度のものにあっては」、これを代替執行の手続によって新聞紙に掲載することを命じても、被告の倫理的な意思や良心の自由を侵害することにはならないと判示した（最判昭31.7.4民集10-7-785）。この判決には、「謝罪」あるいは「陳謝の意を表します」という文言を被告の意に反して用いた広告の掲載を強制することは、憲法19条に違反するという反対意見が付されている。また、前記の三菱樹脂事件判決で、最高裁は、「企業者が雇傭の自由を有し、思想、信条を理由として雇入れを拒んでもこれを目して違法とすることができない以上、企業者が、労働者の採否決定にあたり、労働者の思想、信条を調査し、そのためその者からこれに関連する事項についての申告を求めることも、これを法律上禁止された違法行為とすべき理由はない」とする。

第2項　信教の自由

　近代の自由主義は、中世の宗教的な圧迫や対立の歴史を経て成立したものである。その意味で、信教の自由は、あらゆる精神的自由権を確立するための中心的存在として、歴史上きわめて重要な意味を有する。そのため、信教の自由は、精神的自由権の中核として各国の憲法で広く保障されるに至ったのである。

1　明治憲法の信教の自由

　明治憲法も、信教の自由を保障していた（明憲28）。しかも、他の自由権と異なり、法律の留保を伴わず、その限界は、「安寧秩序ヲ妨ケス及臣民タルノ義務ニ背カサル限ニ於テ」とされていた。しかし、その限度では、法律によらず命令によっても信教の自由を制限することも許される、という解釈を

認める根拠になった。また、実際には、「神社は宗教にあらず」とされ、神社神道は特別の扱いがなされた。その反面、他の宗教は冷遇され、キリスト教などのように弾圧された宗教も少なくない。国粋主義が台頭すると、このような神社の地位とその教義は、軍国主義の精神的な支柱となった。

　昭和20年12月、連合国軍総司令部は「国教分離の指令」を発して、神道のこのような特殊性を否定し、我が国に信教の自由の確立を要請した。この指令に次ぐ天皇の人間宣言によって、天皇とその祖先の神格が否定され、神道の特権的地位を支えてきた基盤が消滅した。日本国憲法は、このような沿革を踏まえて、個人の信教の自由を厚く保障するとともに、国家と宗教の分離を明確化している。

2　信教の自由の内容と限界

(1)　信教の自由の内容

　憲法20条１項前段は、「信教の自由は、何人に対してもこれを保障する」と定める。信教の自由の内容については、信仰の自由、宗教的行為の自由、宗教的結社の自由の三つが挙げられる。

　第１に、信仰の自由は、特定の宗教を信じ又は信じないこと、信仰する宗教を選択し又は変更することなど、個人の内心における信仰を保障する。そして、内心の信仰の告白や宗教団体への所属の告白を強制されないこと、信仰を理由として公権力によって不利益を受けないこともまた保障される。

　第２に、宗教的行為の自由は、礼拝や祈とうなどの宗教的行為や、宗教上の祝典、儀式、行事等を自由に行うことを保障する。憲法20条２項は、「何人も宗教上の行為、祝典、儀式又は行事に参加することを強制されない」と定める。宗教的行為をしない自由や行事等に参加しない自由も含む。宗教上の教義を宣伝する布教の自由も保障される（ただし、直接的には表現の自由の問題ととらえる見解も有力である。）。

　第３に、宗教的結社の自由とは、宗教的行為を行うなどの目的のために

団体を結成する自由、団体に加入する自由、加入を強制されない自由を含む。したがって、それは結社の自由（憲21）の保障の一部でもある。

(2) 信教の自由の限界

　信教の自由の中でも、信仰の自由は内心にとどまるかぎり絶対的に保障される。しかし、信仰が外部的行為となってあらわれるときには、公共の安全や秩序の維持、道徳の保護、他者の人権の保護等の観点から制約に服することがありうる。ただし、その場合の制約は、必要最小限度のものでなければならないとされている。

　最高裁は、近親者から依頼を受けて、精神病者の平癒祈願のため線香護摩による加持祈とうを行った結果、その者を死亡させた事件において、「他人の生命、身体等に危害を及ぼす違法な有形力の行使に当るものであり、これにより被害者を死に致したるものである以上、……憲法20条1項の信教の自由の保障の限界を逸脱したものというほかな」いと判示した（最判昭38.5.15刑集17-4-302）。また、信仰上の理由から必修科目である剣道実技への参加を拒否した結果、原級留置、退学の各処分を受けたため、それらの処分が信教の自由に反するなどとしてその取消しを求めた事件で、「剣道実技の履修が必須のものとまではいい難く、体育科目による教育目的の達成は、他の体育種目の履修などの代替的方法によって」も「性質上可能」であること、学生の剣道実技拒否の理由は、「信仰の核心部分と密接に関連する真しなもの」でその不利益は極めて大きいこと、代替措置をとっても政教分離の原則に反することはないなどとして、学校側の措置は、「社会観念上著しく妥当を欠く処分」であり、「裁量権の範囲を超える違法なもの」であると判示した（最判平8.3.8民集50-3-469）。さらに、大量殺人を目的に毒ガスであるサリン生成を組織的、計画的に企てたことが宗教法人法81条1項1号及び同2号前段に当たるとして、宗教法人の解散命令が請求された宗教法人オウム真理教解散命令事件において、解散命令の制度は、「専ら宗教法人の世俗的側面を対象とし、かつ、専ら世俗的目的によるものであって、宗教団体や信者の精神的・宗教的側面に容かいする

意図によるものではなく、その制度の目的も合理的である」として、憲法
20条1項に反しないと判示した（最決平8.1.30民集50-1-199）。

3　政教分離の原則

(1)　政教分離の原則の意義

　　憲法20条1項後段、同条3項及び89条は、政教分離の原則を定めている。
これは、信教の自由の保障を確保、補強するものである。その内容は、①
国教を定めることが許されないこと、②いかなる宗教団体も国から特権
(他の宗教団体に比べて、あるいは一般の国民、団体に比べて、特別に与えられる
利益) を受け、又は政治上の権力（立法権、課税権、裁判権などの統治権を指
すと解するのが通説である。）を行使してはならないこと（憲20Ⅰ後段）、③国
やその機関が宗教教育その他の宗教的活動をしてはならない義務を負うこ
と（憲20Ⅲ）、④公金その他の公の財産は、宗教の組織もしくは団体の使用、
便益もしくは維持のためこれを支出し、又はその利用に供してはならない
こと（憲89）である。

(2)　政教分離の限界と基準

　　国家と宗教との分離といっても、国家が宗教とのかかわり合いを持つこ
とを全く許さないとするものではない。例えば、特定の宗教と関係のある
私立学校に対して一般の私立学校と同様な助成をすることなどのように、
現代社会では、教育、文化、福祉等に関して国家と宗教とがかかわらざる
を得ない場合もあるからである。そこで、国家と宗教との結びつきがどの
程度までなら許されるかが問題となる。

　　この点について最高裁は、三重県津市が、市体育館の建設に当たって、
神式の地鎮祭を挙行し、それに公金を支出したことが、憲法20条、89条に
反するものではないかが争われた津地鎮祭事件において、憲法20条3項の
禁止する宗教的活動とは、「およそ国及びその機関の活動で宗教とかかわ
り合いをもつすべての行為を指すものではなく、そのかかわり合いが…相
当とされる限度を超えるものに限られるというべきであって、当該行為の

目的が宗教的意義をもち、その効果が宗教に対する援助、助長、促進又は圧迫、干渉等になるような行為をいうものと解すべきである」と判示し（最判昭52.7.13民集31-4-533）、いわゆる目的効果基準を採用した。その後も最高裁は、この基準に照らして、殉職自衛官の妻の信仰に反して県隊友会が行った護国神社合祀への自衛隊地方連絡部の協力行為を、宗教的活動に当たらないと判示し（最判昭63.6.1民集42-5-277）、箕面市が遺族会所有の忠魂碑を市の費用で移設し、市有地を無償で貸与した行為の合憲性が争われた箕面忠魂碑事件において、市のそれらの行為は宗教的活動に当たらないと判示した（最判平5.2.16民集47-3-1687）。これに対し、愛媛県知事が、靖国神社、県護国神社に対して、玉串料等の名目で公金を支出したことが争われた愛媛玉串料事件で、最高裁は、目的効果基準に照らして、「その目的が宗教的意義を持つことを免れず、その効果が特定の宗教に対する援助、助長、促進になると認めるべきであり、これによってもたらされる県と靖国神社等とのかかわり合いが我が国の社会的・文化的諸条件に照らし相当とされる限度を超えるもの」として、憲法の禁止する宗教的活動に当たると判示した（最判平9.4.2民集51-4-1673）。

　また、最高裁は、市が所有する土地を神社施設の敷地として無償で使用させていることが政教分離の原則に反するかが争われた空知太神社事件において、目的効果基準に言及せず、「国公有地が無償で宗教的施設の敷地としての用に供されている状態が…信教の自由の保障の確保という制度の根本目的との関係で相当とされる限度を超えて憲法89条に違反するか否かを判断するに当たっては、当該宗教的施設の性格、当該土地が無償で当該施設の敷地としての用に供されるに至った経緯、当該無償提供の態様、これらに対する一般人の評価等、諸般の事情を考慮し、社会通念に照らして総合的に判断すべき」とした上で、「市と本件神社ないし神道とのかかわり合いが、我が国の社会的、文化的諸条件に照らし、信教の自由の保障の確保という制度の根本目的との関係で相当とされる限度を超えるものとして、憲法89条の禁止する公の財産の利用提供に当たり、ひいては憲法20条

　１項後段の禁止する宗教団体に対する特権の付与にも該当する」と判示した（最判平22.1.20民集64-1-1）。

<h1 style="text-align:center">第3項　表現の自由</h1>

1　表現の自由と知る権利

(1)　表現の自由の意義

　憲法21条１項は、「言論、出版その他一切の表現の自由は、これを保障する」と定める。表現の自由とは、思想や信仰など内心における精神作用を外部に公表する自由である。精神的自由権は、内心の思想等を外部に表現し伝達することで初めてその真価を発揮することができるので、表現の自由は、精神的自由権の中でも重要な権利である。表現の自由を保障する根拠としては、一般に次の二つが挙げられている。一つは、言論活動を通じて自己の人格を発展させるという個人的な意義（自己実現の価値）であり、もう一つは、言論活動によって国民が政治的意思形成に参加するという社会的な意義（自己統治の価値）である。

　表現の自由において保障される表現内容とは、およそ表現者が思ったり感じたりしていることすべてを含むものであり、思想に限られるわけではない。また、表現の媒体については、新聞などの印刷物はもちろん、絵画、音楽、写真、映画などすべてに及ぶとされている。さらに、表現の自由には、個人が自己の思想や意見を発表する自由のみでなく、情報の受領、収集の自由の保障、つまり知る権利も含まれているか議論されている。

(2)　知る権利

　人が自己の思想や意見を形成するためには、情報を自由に得ることが必要である。国民にとって必要な情報が政府やマス・メディアに集中するのが現代の傾向であり、また、個人は独力で必要な情報を収集することが困難である。そこで、情報を保持する主体に対して、情報の公開を求めることが、表現の自由の保障にとって重要な課題となった。表現の自由は、単

に表現の送り手の自由だけでなく、表現の受け手の自由をも含むものであるとし、この表現の受け手の自由を知る権利としてとらえるべきであると主張されるようになった。知る権利が、国民が情報を収集することを国家によって妨げられないという自由権としての性格を有することは、一般的に認められているが、さらに、国家に対して積極的に情報の公開を要求する請求権的性格を有するかは議論がある。情報公開については、各地方公共団体レベルの情報公開条例や、平成11年に制定された「行政機関の保有する情報の公開に関する法律」（情報公開法）が重要である。また、マス・メディアに対して自らの意見を表明したり、反論や応答を要する問題について発言する場を求める権利が主張されることがある。サンケイ新聞意見広告事件（自由民主党がサンケイ新聞に掲載した意見広告が日本共産党の名誉を毀損したとして、日本共産党が同じスペースの反論文を無料かつ無修正で掲載することを要求した事件）において、最高裁は、共産党が主張するような反論文掲載請求権の制度が認められるときは、新聞を発行、販売する者にとっては、「紙面を割かなければならなくなる等の負担を強いられるのであって、これらの負担が、批判的記事、ことに公的事項に関する批判的記事の掲載をちゅうちょさせ、憲法の保障する表現の自由を間接的に侵す危険につながるおそれも多分に存する」とした（最判昭62.4.24民集41-3-490）。

2　表現の自由の制限

(1)　二重の基準論

　　表現の自由の制限については、学説において、一般に、二重の基準論という考え方が採用されている。二重の基準論とは、前述（20ページ）のとおり、表現の自由を中心とする精神的自由は、その他の自由、とりわけ経済的自由に対して優越的地位を占め、それを制限する立法の合憲性は、経済的自由を制限する立法の合憲性よりも厳格に審査されなければならないという理論である。そして、具体的な違憲審査基準としては、次のような基準が主張されている。

(2) 表現の自由の違憲審査基準

ア　事前抑制禁止の原則

　　表現活動を事前に抑制することは許されないとするのが事前抑制禁止の原則である。表現行為に対する事前抑制は、すべての思想はともかくも公にされるべきであるという「思想の自由市場」の観念に反するし、事後規制に比べて規制の範囲が広範になりやすいことから、禁じられる必要があるとされている。事前抑制との関係で問題となるのが検閲である。憲法21条2項前段は、「検閲は、これをしてはならない」と定める。日本国憲法では明治憲法下での経験を踏まえて、明文で検閲を禁止した。ここでいう「検閲」の意味について、最高裁は、関税法67条に基づいて行われる税関検査の合憲性が争われた税関検査事件で、検閲の禁止は絶対的なものとした上で、「憲法21条2項にいう『検閲』とは、行政権が主体となって、思想内容等の表現物を対象とし、その全部又は一部の発表の禁止を目的とし、対象とされる一定の表現物につき網羅的一般的に、発表前にその内容を審査した上、不適当と認めるものの発表を禁止することを、その特質として備えるものを指す」として、税関検査は検閲に当たらないとした（最判昭59.12.12民集38-12-1308）。また、検閲に当たらない事前抑制については、厳格な要件の下で例外的にのみ許されるとされている。これに関連して問題となるのが、名誉毀損等を理由とする裁判所の仮処分（民保23）による出版物の事前差止めが憲法上認められるかである。この点が争われた北方ジャーナル事件で、最高裁は、裁判所の仮処分は検閲に当たらないとした上で、「表現行為に対する事前抑制は、表現の自由を保障し検閲を禁止する憲法21条の趣旨に照らし、厳格かつ明確な要件のもとにおいてのみ許容されうる」として、「その表現内容が真実でなく、又はそれが専ら公益を図る目的のものでないことが明白であって、かつ、被害者が重大にして著しく回復困難な損害を被る虞があるときは」、例外的に事前差止めが許されると判示した（最判昭61.6.11民集40-4-872）。

イ　明確性の原則

　　明確性の原則とは、表現の自由を規制する立法は明確でなければならず、不明確な立法は違憲無効であるとする原則である。この原則が認められる理由は、明確性を欠く立法では国民に対する規制の適正な告知にはならないし、規制する側による恣意的な運用を招く危険があり、刑罰等の不利益を避けようとして本来合憲的な表現行為をも差し控えさせてしまうおそれがあるからである。法律の明確性が問題となった判例としては、公安条例中の「交通秩序を維持すること」という文言の明確性が争われた徳島市公安条例事件判決（55ページ参照）や、改正前の関税定率法21条1項3号（現行の4号）の「風俗を害すべき書籍、図画」にいう「風俗」という文言の明確性が争われた前記の税関検査事件判決があり、最高裁は、いずれも合憲としている。

ウ　明白かつ現在の危険の基準

　　アメリカの憲法判例理論の中で確立され、日本の学説にも大きな影響を与えているのが、明白かつ現在の危険（clear and present danger）の基準である。この基準は、表現行為が重大な害悪を引き起こすがい然性が明白であり、かつ、害悪発生が時間的に切迫しているという二つの要件が存在する場合には、当該表現行為を規制することができる、という基準である。

エ　より制限的でない他の選び得る手段の基準

　　より制限的でない他の選び得る手段の基準とは、表現の自由を制限する法律の立法目的は正当であるとしても、その立法目的を達成するためのより制限的でない他の手段（less restrictive alternatives「LRA」と略称される。）が存在するかどうかを審査し、それが存在すると判断される場合には、その規制立法を違憲とする基準である。有力な学説は、この基準は表現の自由の時、場所、方法の規制の合憲性判断に関して用いられるべきであるとしている。また、この基準は、表現の自由の規制立法に対する違憲審査基準にのみ限定されないという見解もある。

3　表現の自由の内容

ここでは、表現の自由のうち、いくつか問題となるものを挙げる。

(1)　報道の自由、取材の自由

　ア　報道の自由

　　報道の自由について、最高裁は、裁判所によるテレビフィルムの提出命令が報道の自由を保障する憲法21条に反するとして争われた博多駅テレビフィルム提出命令事件で、「報道機関の報道は、民主主義社会において、国民が国政に関与するにつき、重要な判断の資料を提供し、国民の『知る権利』に奉仕するもの」であり、「したがって、思想の表明の自由とならんで、事実の報道の自由は、表現の自由を規定した憲法21条の保障のもとにあることはいうまでもない」とした（最決昭44.11.26刑集23-11-1490）。

　イ　取材の自由

　　憲法21条が取材の自由をも保障しているかどうかについては議論がある。最高裁は、前記の博多駅テレビフィルム提出命令事件決定で、「報道機関の報道が正しい内容をもつためには、報道の自由とともに、報道のための取材の自由も、憲法21条の精神に照らし、十分尊重に値いするもの」であるとした。

　　また、取材の自由については、国家秘密との関係で限界が問題となる。最高裁は、沖縄返還協定に関する外務省の極秘電文を毎日新聞記者が外務省女性事務官から入手し、女性事務官が国家公務員法100条1項（守秘義務）違反、新聞記者が同法111条（秘密そそのかし罪）違反で起訴された外務省秘密漏えい事件において、「報道機関が公務員に対し根気強く執拗に説得ないし要請を続けることは、それが真に報道の目的からでたものであり、その手段・方法が法秩序全体の精神に照らし相当なものとして社会観念上是認されるものである限りは、実質的に違法性を欠き正当な業務行為というべきである」と判示した（最決昭53.5.31刑集32-3-457）。そのほかに取材の自由に関連して問題となるものに、取材源（ニュース・

ソース）の秘匿や法廷における写真撮影、メモの制限がある。最高裁は、証言義務を犠牲にしてまで取材源の秘匿を認めることはできないとし（最判昭27.8.6刑集6-8-974）、公判廷における写真撮影を裁判所の許可にかからしめている刑事訴訟規則215条を合憲とし（最判昭33.2.17刑集12-2-253）、メモを取る自由は憲法21条の精神に照らして尊重されるべきであり、公正かつ円滑な訴訟の運営を妨げるという特段の事情のない限り、故なく妨げられないとした（最判平元.3.8民集43-2-89）。

(2) 性表現、名誉毀損的表現

ア　性表現

従来は、性表現は社会秩序を乱すものであって、そもそも表現の自由の保護を受けないと考えられてきた。しかし、今日では、性表現も基本的に表現の自由の保障を受けると解されている。性表現の規制に関しては、刑法175条のわいせつ文書の頒布、販売、陳列罪の合憲性が問題となる。判例は、D・H・ロレンスの「チャタレー夫人の恋人」の翻訳者と出版社社長がわいせつ文書販売罪で起訴された事件の判決（最判昭32.3.13刑集11 3 997）以来、一貫してこれを合憲としている（最判昭44.10.15刑集23-10-1239、最判昭55.11.28刑集34-6-433等）。

イ　名誉毀損的表現

名誉毀損的表現についても、かつては性表現と同様に、表現の自由の保護を受けないとする見解もあったが、現在は表現の自由の保障を受けるとされている。他方、名誉は人格権の一つとして憲法13条によって保護されているので、名誉保護と表現の自由との調整が必要となる。具体的には、刑法上の名誉毀損罪（刑230）と民法上の不法行為責任（民709、710）が問題となる。表現の自由と名誉との調整にとって重要なのが刑法230条の2であり、それは、①公共の利害に関する事実に係り、②公益を図る目的に出たもので、③事実の真実性の証明があれば、処罰しないと定めている。この規定は表現の自由のために名誉毀損罪による処罰を制限したものであるところ、さらに、新聞記事による名誉毀損罪が問

題となった「夕刊和歌山時事」事件で、最高裁は、「真実であることの証明がない場合でも、行為者がその事実を真実であると誤信し、その誤信したことについて確実な資料、根拠に照らして相当の理由があるときは」、名誉毀損罪は成立しないと判示している（最判昭44.6.25刑集23-7-975）。この論理は不法行為責任に関しても採用されている（最判昭41.6.23民集20-5-1118）。

4　通信の秘密

憲法21条2項後段は、「通信の秘密は、これを侵してはならない」と定める。通信には、手紙、電信、電話などすべての方法による通信を含む。通信は意思の伝達の一形態であるので、通信の秘密は表現の自由の一内容をなすと解するのが一般的である。もっとも、通信の秘密が憲法21条1項の表現の自由と別に規定されていることから、通信の秘密の保障を、当事者間のコミュニケーションの保障にそのねらいがあるとして、プライバシーとの関連で理解する見解も有力である。

通信の秘密の保障の意義は、公権力が通信の内容等について調査することや通信業務に従事する者が職務上知り得た事項を漏らすことを禁じることである。通信の秘密の保障は、通信の内容のほか、差出人（発信人）の氏名、住所、受取人（受信人）の氏名、住所、通信の日時などおよそ通信にかかわる事項すべてに及ぶ。具体的には、郵便法などに規定が置かれている（郵便7、8、電気通信事業法3、4）。

通信の秘密の保障も絶対ではなく、合理的な規制に服する。制限の例として、刑事訴訟法上の郵便物の押収（刑訴100、222）、犯罪捜査のための通信傍受に関する法律（通信傍受法）に基づく通信傍取、破産法上の破産者に対する郵便物の開披（破82）、刑事施設ニ於ケル刑事被告人ノ収容等ニ関する法律上の被収容者の信書の発受の制限などがある。

第4項　集会、結社の自由

憲法21条１項は、「集会、結社……の自由は、これを保障する」と定める。

1　集会の自由

(1)　集会の自由の意義

　　集会とは、多数人が政治、経済、学問、芸術、宗教などに関する共通の目的を持って一定の場所に集まることをいう。集会する場所としては、公園や広場などの屋外のものや、公会堂など屋内のものが使用される。集会の自由の保障は、公権力が、集会の開催、集会への参加、集会における集団の意見形成、表明、意思実現のための行動などを妨げることを禁じ、また、そのような行為を強制することを禁じる。集会の自由は、表現の自由の一形態として、重要な意義を有するものであり、判例も、「集会は、国民が様々な意見や情報等に接することにより自己の思想や人格を形成、発展させ、また、相互に意見や情報等を伝達、交流する場として必要であり、さらに、対外的に意見を表明するための有効な手段であるから、憲法21条１項の保障する集会の自由は、民主主義社会における重要な基本的人権の一つとして特に尊重されなければならない」と述べている（後記（55ページ）の成田新法事件判決）。

(2)　集会の自由の限界

　　集会の自由は、多数人が集合する場所を前提とする表現活動であり、行動を伴うこともあるから、他者の権利や利益と矛盾、衝突する可能性があり、それを調整するために必要最小限度の規制を受けることは、やむを得ない。これまで、以下のような規制をめぐって議論がされてきた。

　ア　公共施設の使用

　　集会の場所としては、公園や広場などのほか、公会堂などが使用されるが、地方自治法244条は、地方公共団体の公の施設について、正当な

理由がない限り、住民が利用することを拒んではならず、また不当な差別的取扱いをしてはならないと定める。公共施設の利用について、その使用目的との関係において必要不可欠な限度で許可制を設けることは、憲法に反しない。その具体的な許否の基準について、最高裁は、関西新空港反対全国総決起集会開催のための市民会館の使用申請に対して、市が市民会館条例に基づいてした不許可処分が争われた泉佐野市民会館事件で、公共施設の管理者が、「利用を不相当とする事由が認められないにもかかわらずその利用を拒否し得るのは、利用の希望が競合する場合のほかは、施設をその集会のために利用させることによって、他の基本的人権が侵害され、公共の福祉が損なわれる危険がある場合に限られる」とし、そのような観点からすれば、条例で使用不許可の事由とされる「公の秩序をみだすおそれがある場合」とは、集会の開催によって「人の生命、身体又は財産が侵害され、公共の安全が損なわれる危険を回避し、防止することの必要性が優越する場合をいうものと限定して解すべきであり、その危険性の程度としては、……単に危険な事態を生ずる蓋然性があるというだけでは足りず、明らかな差し迫った危険の発生が具体的に予見されることが必要である」と判示した（最判平7.3.7民集49-3-687）。

イ　集団行動の自由

　集団行動（集団行進、集団示威運動）の自由は、「動く集会」として集会の自由に含まれるとみる見解が有力であるが、憲法21条の「その他一切の表現の自由」に含まれるとみることもできる。ただ、いずれにせよ、集団行動は、純粋の言論と異なり、一定の行動を伴うものであるから、特に他の人権や自由との調整が必要となる。具体的には、これまで公安条例と道路交通法とによる規制が問題とされてきた。

　公安条例とは、多くの地方公共団体が定めている集団行進などを規制するための条例である。公安条例では、集団行動をする場合に、あらかじめ公安委員会に届出又はその許可を受けなければならない旨の定めが置かれている。このような公安条例の合憲性に関して、最高裁は、新潟

県公安条例の合憲性が争われた事件で、集団行動は、「不当な目的又は方法によらないかぎり、本来国民の自由とするところであるから、条例においてこれらの行動につき単なる届出制を定めることは格別、そうでなく一般的な許可制を定めてこれを事前に抑制することは、憲法の趣旨に反し許されない」が、「特定の場所又は方法につき、合理的かつ明確な基準の下に、予め許可を受けしめ、又は届出をなさしめても」、直ちに違憲とはいえず、また、「公共の安全に対し明らかな差迫った危険を及ぼすことが予見されるときは」、これらの行動を許可せず又は禁止することも違憲ではないと判示した（最判昭29.11.24刑集8-11-1866）。また、最高裁は、その後、東京都公安条例についても合憲の判断をしている（最判昭35.7.20刑集14-9-1243）。

　道路交通法は、「一般交通に著しい影響を及ぼすような行為で、公安委員会が、その土地の道路又は交通の状況により、道路における危険を防止し、その他交通の安全と円滑を図るため必要と認めて定めたものをしようとする者」は、所轄警察署長の許可を受けなければならないと定める（道交77 1 ④）。道路交通法による集団行進の規制の合憲性について、最高裁は、アメリカの原子力空母の寄港抗議行動が道路交通法違反に問われた事件において、道路交通法77条2項の規定は、「道路使用の許可に関する明確かつ合理的な基準を掲げて道路における集団行進が不許可とされる場合を厳格に制限しており」、公共の福祉による必要かつ合理的制限であるとして、規制を合憲とした（最判昭57.11.16刑集36-11-908）。

2　結社の自由

(1)　結社の自由の意義

　結社とは、多数人が、政治、経済、宗教、芸術、学術、社交など、様々な共通の目的を持って、継続的に結合することをいう。結社の自由は、団体を結成しそれに加入する自由、その団体が団体として活動する自由はもとより、個人が団体を結成しない自由、団体に加入しない自由、加入した

団体から脱退する自由をも含む。

(2) 結社の自由の限界

　結社の自由も一定の制約に服する。例えば、犯罪を行うことを目的とする結社が許されないことは、よく挙げられる例である。結社の自由との関係で問題とされているのが、破壊活動防止法である。破壊活動防止法は、「暴力主義的破壊活動を行った団体に対する必要な規制措置を定め」るものであり（破防1）、団体の解散や表現活動の禁止が定められている。

第5項　学問の自由

1　学問の自由の意義

　憲法23条は、「学問の自由は、これを保障する」と定める。学問の自由を保障する規定は明治憲法にはなく、また、諸外国の憲法でも学問の自由を直接に保障している例は少ない。日本では、明治憲法下において、昭和8年の滝川事件や昭和10年の天皇機関説事件などのように、学問研究の自由が公権力によって干渉された歴史があり、憲法23条はそのような背景から制定されたものである。

2　学問の自由の内容

　学問の自由によって保障されるものとして、一般に、学問研究の自由、研究発表の自由、教授の自由の三つが含まれるとされる。このうち学問研究の自由と研究発表の自由が、広く国民一般に保障されることについて異論はない。教授の自由については、大学その他の高等学術研究教育機関における研究者には認められるが、そのほかに、小、中、高校という初等中等教育機関の教師にも認められるかは議論がある。最高裁は、全国一斉学力テスト（学テ）は違法であるとして争われた旭川学テ事件で、普通教育においても、「一定の範囲における教授の自由が保障されるべきことは肯定できないではない」としつつも、教育の機会均等と全国的な教育水準を確保する要請などか

ら、「普通教育における教師に完全な教授の自由を認めることは、とうてい許されない」と判示した（最判昭51.5.21刑集30-5-615）。

3　学問の自由の限界

学問の自由、中でも学問研究の自由については、これまで公権力はそれに介入してはならないことが原則とされてきたが、近年、先端技術分野の進展に伴って、研究成果の濫用が懸念され、また事故の場合の損害が危惧されるようになってきた。そのため、これらの分野における研究に規制を設けるべきであるとする見解も主張されてきている。

4　大学の自治

学問の自由は、前述のように学問研究の自由、研究発表の自由、教授の自由を保障しようとするものである。このような学問研究等のためには、それを専門に行い、発展させるための機関が必要となる。そして、従来はその機関は大学であると理解され、そのために大学の自治が保障されてきた。大学の自治の内容として重要なものは、研究者の人事の自治と、施設、学生の管理の自治の二つである。

学長、教授その他の研究者の人事は、大学の自主的判断によって決せられなければならず、政府や文部科学省が大学の人事に干渉することは許されないとされている。現在では、国公立大学の教員については、教育公務員特例法によって大学側の自主的な判断によるものとされており、私立大学における研究者の人事については、一般に学校教育法59条1項にいう教授会が置かれるべき理由としての「重要な事項」に含まれると解されている。

また、大学における施設、学生の管理についても、大学側の自主的な判断が尊重されなければならないとされている。施設、学生の管理について、これまで主に議論されてきたのは、警察権との関係である。この点について学説は、警察権の大学構内への立ち入りは、犯罪捜査のためであれば一概に否定されないとしても、警備公安活動（公共の安寧秩序を保持するため、犯罪の予

防及び鎮圧に備えて各種の情報を収集、調査する警察活動）のための情報収集を目的とする立ち入りは原則として許されないとするのが一般的である。最高裁は、警備情報収集活動のため東京大学に立ち入っていた私服警察官が、教室内で行われていた東大の学生団体「ポポロ劇団」主催の演劇発表会において、学生に発見されて、暴行を加えられた東大ポポロ事件において、「学生の集会が真に学問的な研究またはその結果の発表のためのものでなく、実社会の政治的社会的活動に当る行為をする場合には、大学の有する特別の学問の自由と自治は享有しないといわなければならない。また、その集会が学生のみのものでなく、とくに一般の公衆の入場を許す場合には、むしろ公開の集会と見なされるべきであり、すくなくともこれに準じるものというべきである」とした上で、「本件集会は、真に学問的な研究と発表のためのものでなく、実社会の政治的社会的活動であり、かつ公開の集会またはこれに準じるものであって、大学の学問の自由と自治は、これを享有しないといわなければならない。したがって、本件の集会に警察官が立ち入ったことは、大学の学問の自由と自治を犯すものではない」と判示した（最判昭38.5.22刑集17-4-370）。

第 5 節　人身の自由

第 1 項　奴隷的拘束、苦役からの自由

1　憲法18条は、「何人も、いかなる奴隷的拘束も受けない。又、犯罪に因る処罰の場合を除いては、その意に反する苦役に服させられない」と規定した。これは、明治憲法にはなく、アメリカ合衆国憲法修正13条 1 項を継受したものである。

2　「奴隷的拘束」とは、自由な人格者であることと両立しない程度に人身の自由その他の自由を拘束される状態をいう。いわゆる奴隷はもちろんである

が、奴隷制度のない我が国では、この奴隷に類するような拘束、例えば、通常の雇用の程度を超えて、使用者が、被用者に対して絶対服従を要求し、被用者が、自己の意思により、その束縛を脱することができないような拘束状態に置かれることをいう。昔炭鉱にあった「たこ部屋」、製糸工場の一部の女工の状態などはこれに当たるといえる。このような奴隷的拘束は、その意に反すると否とを問わず、公権力によるのはもちろん、私人間相互においても絶対に禁止され、これを内容とする契約は、無効である（民90、労基5、13）。「苦役」とは、精神的、肉体的に苦痛を伴う拘束で、その程度が、人間としての人格を維持することが不可能である状態までは至らないものをいう。このような苦役には、犯罪による処罰（懲役、労役場留置など）の場合を除いては、その意に反して服せしめられない。したがって、債務労働（債務の履行としての強制労役など）などの強制労働は、禁止される。しかし、非常災害等に際して、地方公共団体などが、住民を応急措置の業務に従事させることは、この「苦役」には当たらない。

第2項　適正法定手続の保障

1　31条の趣旨

　憲法31条は、「何人も、法律の定める手続によらなければ、その生命若しくは自由を奪はれ、又はその他の刑罰を科せられない」と規定している。この規定は、32条から40条までに規定されている刑事手続、特にそこにおける人身の自由の保障に関する詳細な規定の総則的規定として規定されたものであるが、それのみではなく、人身の自由の基本原理の宣言である。すなわち、人権宣言の歴史的沿革を見ると、人権の保障は、理不尽な為政者に対して、刑事司法の作用における人身の自由の保障を要求したことから始まったのである。人権前史といわれる「マグナ・カルタ」、「権利請願」、「権利章典」の中でも、最も重要な要求の事項の一つとして、「適法な裁判」を掲げており、さらに、基本的人権の思想を確立した「バージニア人権宣言」、「フランス人

権宣言」に、その精神が継受されている。人権の保障は、単なるメッセージ（宣言）によってなされるものではなく、法治国家においては、法的手続の適正による保障が確保されなければ、その保障は、形骸化する。法的手続の適正とは、立法において手続の適正公平を確立し、裁判においてその運用が適正公平でなければならないことを意味する。31条は、そのことの原則を宣言したものである。明治憲法には、これに相当する条文はなく、アメリカ合衆国憲法修正5条の「何人も、法律の適正な手続（due process of law）によることなくしては、生命、自由又は財産を奪われることはない」という規定の継受である。31条には、「適正」の文言はないが、人権保障の精神から、立法の適正と裁判の適正を当然含むものと解される。

2　31条の内容

(1)　31条は、「法律の定める手続によらなければ」刑罰を科せられないと定めており、文言上は手続の法定を要求しているにとどまるが、判例、通説はより多くの意味を含めて解釈している。すなわち、①手続が法律で定められなければならないという字義どおりの意味のほかに、②法律で定められた手続が適正でなければならないこと、③実体規定もまた法律で定められなければならないこと（罪刑法定主義）、④法律で定められた実体規定もまた適正でなければならないことも31条が規定していると解釈する。

(2)　**手続の適正と告知と聴聞**

手続の適正に関して重要なのが、告知と聴聞を受ける権利である。告知と聴聞を受ける権利とは、一般に公権力が国民に刑罰その他の不利益を科す場合には、当事者にあらかじめその内容を告知し、弁解と防御の機会を与えなければならないということである。最高裁も、関税法に基づく第三者所有物の没収の合憲性が争われた事件で、「所有物を没収せられる第三者についても、告知、弁解、防禦の機会を与えることが必要であって、これなくして第三者の所有物を没収することは、適正な法律手続によらないで、財産権を侵害する制裁を科するに外ならない」ので、その機会を与え

なかった没収手続が憲法31条、29条に違反するとした（最判昭37.11.28刑集16-11-1593）。

(3) **実体の適正と明確性の原則**

実体の適正の中には、刑罰法規について法律の規定が明確であることを要求する明確性の原則などが含まれる。最高裁も、犯罪構成要件の明確性が問題となった徳島市公安条例事件で、31条により実体の適正が要請されることを認めた上で、「ある刑罰法規があいまい不明確のゆえ憲法31条に違反するものと認めるべきかどうかは、通常の判断能力を有する一般人の理解において、具体的場合に当該行為がその適用を受けるものかどうかの判断を可能ならしめるような基準が読みとれるかどうかによってこれを決定すべきである」としている（最判昭50.9.10刑集29-8-489）。

(4) **行政手続への適用の有無**

31条は、その文言から明らかなように刑事手続に適用されるが、そればかりではなく、行政手続にも適用されるか否かが問題となる。行政手続の中には、感染症の予防及び感染症の患者に対する医療に関する法律による入院措置などのように、権利や自由を制限するものがあるからである。学説は、行政手続にも31条が適用又は準用されるとしており、最高裁は、新東京国際空港の安全確保に関する緊急措置法（成田新法）の合憲性が争われた成田新法事件で、「憲法31条の定める法定手続の保障は、直接には刑事手続に関するものであるが、行政手続については、それが刑事手続でないとの理由のみで、そのすべてが当然に同条による保障の枠外にあると判断することは相当ではない」が、「同条による保障が及ぶと解すべき場合であっても、一般に、行政手続は、刑事手続とその性質においておのずから差異があり、また、行政目的に応じて多種多様であるから、行政処分の相手方の事前の告知、弁解、防御の機会を与えるかどうかは、行政処分により制限を受ける権利利益の内容、性質、制限の程度、行政処分により達成しようとする公益の内容、程度、緊急性等を総合較量して決定されるべきものであって、常に必ずそのような機会を与えることを必要とするもの

ではないと解するのが相当である」と判示した（最判平4.7.1民集46-5-437）。
なお、最高裁は、旧所得税法上の質問検査の合憲性が争われた川崎民商事
件で、憲法35条1項、38条1項の保障が行政手続にも原則的に及ぶと判示
している（最判昭47.11.22刑集26-9-554）。また、平成5年に行政手続法が制
定され、行政庁は不利益処分をしようとする場合には、その対象者に事前
に告知と聴聞の機会を与えることを原則とするとしている（行手13）。

第3項　刑事手続における人身の自由

　憲法32条から40条までは、刑事手続における人身の自由の保障を規定したも
のである。国家権力による人身の自由の侵害のおそれがあるのは、具体的には、
刑事手続においてであることが、歴史的にも証明されており、前述した人権宣
言や諸外国の憲法においても、具体的に規定されている。
　なお、32条の裁判を受ける権利と、40条の刑事補償請求権については、受益
権のところで述べることにする。

1　不法な逮捕を受けない自由（憲33）
　　逮捕という人身の拘束に最も影響の強い手続に、令状主義を明らかにした
　ものである。この「官憲」は、裁判官に限られ、検察官や警察官は含まれな
　い。

2　不法な監禁を受けない自由（憲34）
　　いわゆる勾留及び留置による人身の拘束に対する保障である。弁護人の選
　任権の告知と、勾留理由開示の保障をその内容とする。

3　住居、所持品を侵されない自由（憲35）
　　住居、書類、所持品に対する侵入、捜索、押収をする場合の、令状主義を
　規定したものである。33条と同様に、「官憲」とは、裁判官のみをいう。

4　拷問及び残虐な刑罰の禁止（憲36）
　　「拷問」は、過去の手続中の取調べに関連して問題となった。自白強要の
　一手段として考えられた時代もあった。38条の規定とともに、自白の強要禁

止の趣旨を強く持つものである。「残虐な刑罰」の中に、死刑は含まれないと解するのが判例である（最判昭23.3.12刑集2-3-191）。

5　刑事裁判における被告人の権利（憲37〜39）

　公平な裁判所の迅速な公開裁判を受ける権利、証人喚問権、弁護人選任権、国選弁護人請求権の保障（憲37）、被告人の黙秘権、不任意自白の証拠能力の否定、唯一自白による有罪認定の禁止（憲38）、刑罰不遡及の原則、一事不再理の原則、二重処罰禁止の原則（憲39）の規定がある。

第6節　経済的自由

第1項　居住、移転の自由

1　居住、移転の自由の意義と性格

　憲法22条1項は、「何人も、公共の福祉に反しない限り、居住、移転……の目由を有する」と定める。居住、移転の自由は、自己の居所を自由に決定し、移動することを保障する。旅行の自由を含む。封建時代には人々は土地に拘束され、移動が制限されていたが、近代社会において自由な移動が保障され、それによって資本主義経済の成立の条件である人と物の自由な移転が確保された。このような歴史的背景に基づいて、居住、移転の自由は経済的自由の一つに数えられてきた。しかし、居住、移転の自由は、身体の拘束を解く意義を持っているので、人身の自由の側面も有しているし、広く知的な接触の機会を得るためにもこの自由が不可欠であるところから、精神的自由の側面をも併せ持っていると考えられている。

　居住、移転の自由に対する制限としては、破産者の居住制限（破37）、自衛官の指定場所の居住義務（自衛55）、夫婦同居義務（民752）、親権者の住所指定権（民822）、感染症予防等の理由による入院措置（感染症の予防及び感染症の患者に対する医療に関する法律19等、精神保険及び精神障害者福祉に関する法律

29等）等がある。

2　海外渡航の自由

　憲法22条2項は、「何人も、外国に移住……する自由を侵されない」と定める。外国移住の自由は、外国が入国を認めることを前提に、個人が外国に移住することの自由を保障する。一時的な海外渡航の自由、すなわち外国旅行の自由については、22条1項の「移転」に含ませる見解や13条の幸福追求権の一つと解する見解もあるが、22条2項の「移住」によって保障されると解するのが判例、多数説である。

　海外渡航をする際には、旅券の所持が義務づけられている（入管60）。海外渡航の自由との関係では、「外務大臣において、著しく且つ直接に日本国の利益又は公安を害する行為を行う虞があると認めるに足りる相当の理由がある者」に対して、外務大臣が一般旅券の発給を拒否できると定める旅券法13条1項5号（当時）の合憲性が問題とされている。最高裁は、前参議院議員が、モスクワでの国際経済会議出席を渡航目的とする一般旅券の発給申請をしたところ、外務大臣が旅券発給の拒否処分をしたため会議へ出席できなかったとして損害賠償を請求した事件で、「外国旅行の自由といえども無制限のままに許されるものではなく、公共の福祉のために合理的な制限に服するものと解すべきである」とし、旅券法13条1項5号（当時）の規定は、「外国旅行の自由に対し、公共の福祉のために合理的な制限を定めたもの」であり、合憲であると判示した（最判昭33.9.10民集12-13-1969）。

3　国籍離脱の自由

　明治憲法下では、国籍を離れる自由は認められていなかったが、憲法22条2項は、「何人も、……国籍を離脱する自由を侵されない」と規定し、日本国民に国籍を離脱する自由を保障した。ただし、それは、無国籍になる自由を含むものではない。国籍法が、「外国の国籍を取得したときは、日本の国籍を失う」と定めているのは（国籍11 I）、その趣旨である。

第2項　職業選択の自由

1　職業選択の自由の意義

　憲法22条1項は、「何人も、公共の福祉に反しない限り、……職業選択の自由を有する」と定める。職業選択の自由には、自己の従事する職業を決定する自由のほか自己の選択した職業を遂行する自由、すなわち営業の自由が含まれる。もっとも、営業の自由は、財産権を行使する自由を含むので、29条とも密接にかかわる。

2　職業選択の自由の限界

　職業活動は多様であり、それに対する法的規制もさまざまであるが、概して職業活動は社会的関連性が強いため、職業選択の自由に対しては多くの法的規制が必要とされる。

　規制手段としては、行政に対する届出で足りるとする届出制（理容業等）、行政による許否の裁量がある許可制（風俗営業等）、独占状態を保護する代わりに監督、統制が加えられる特許制（鉄道等の公共事業）がある。また、行政による資格、適格性審査のため資格制が採られる職業もある。

　これらの規制は、その目的から、消極目的規制と積極目的規制に区別される。消極目的規制とは、主として国民の生命及び健康に対する危険を防止、除去又は緩和するために課せられる規制である。各種の営業許可は、おおむね消極目的規制に属する。積極目的規制とは、福祉国家の理念に基づいて、経済の調和のとれた発展を確保し、特に社会的、経済的弱者を保護するためになされる規制であり、社会経済政策の一環として採られる規制である。例えば、大型スーパーなどの巨大資本などから中小企業を保護するための競争制限や、中小企業相互間の過当競争の制限等が挙げられる。

3　職業選択の自由の規制が問題となった裁判例

　小売商業調整特別措置法3条1項が小売市場の開設を許可する条件として
適正配置の規制を課しており、この規制の合憲性が争われた小売市場距離制
限事件において、最高裁は、「個人の経済活動に対する規制は、個人の自由
な経済活動からもたらされる諸々の弊害が社会公共の安全と秩序の維持の見
地から看過することができない場合に、消極的に、かような弊害を除去ない
し緩和するために必要かつ合理的な規制である限りにおいて許されるべき」
であるのみならず、「社会経済政策の実施の一手段として、これに一定の合
理的規制措置を講ずることは、もともと、憲法が予定し、かつ、許容すると
ころ」であるとした上で、社会経済政策の分野における法的規制の必要性と
規制手段の合理性については、「立法府がその裁量権を逸脱し、当該法的規
制措置が著しく不合理であることの明白である場合に限って、これを違憲と
する」とし、結論としては、小売市場の乱設による過当競争から生じる小売
商の共倒れから小売商を保護するための措置として、本件規制措置には一応
の合理性を認められることができるため、合憲であると判断した（最判昭
47.11.22刑集26-9-586）。

　小売市場距離制限事件判決の後、最高裁は、薬局の開設に適正配置を要求
する旧薬事法6条2項及び広島県条例の規制の合憲性が争われた薬事法距離
制限事件において、「一般に職業の許可制は、……職業の自由に対する強力
な制限であるから、その合憲性を肯定しうるためには、原則として、重要な
公共の利益のために必要かつ合理的な措置であることを要し、また、それが
社会政策ないし経済政策上の積極的な目的のための措置ではなく、自由な職
業活動が社会公共に対してもたらす弊害を防止するための消極的、警察的措
置である場合には、許可制に比べて職業の自由に対するよりゆるやかな制限
である職業活動の内容及び態様に対する規制によって右の目的を十分に達成
することができないと認められることを要する」とし、結論としては、不良
医薬品の供給から国民の健康と安全を守るという目的を達するためには、薬
品販売業への参入を規制して薬局の経営を保護する必要はないという判断か

ら違憲との判断を下した（最判昭50.4.30民集29-4-572）。

　学説においては、職業選択の自由の規制を、その目的から積極目的規制と消極目的規制とに区分し、それぞれの違憲審査基準として、積極目的規制については、規制が著しく不合理であることが明白である場合に限って違憲と判断するという「明白の原則」と呼ばれる基準が適用され、消極目的規制については、規制の必要性、合理性について他の代替手段の有無をも考慮して厳格に審査するという「厳格な合理性の基準」と呼ばれる基準が適用されるとする見解や、それに加えて、規制手段の態様をも考慮に入れて合憲性を検討すべきだという見解が有力である。

<h2 style="text-align:center">第3項　財　産　権</h2>

1　財産権保障の歴史的経緯

　「所有権は、神聖かつ不可侵の権利である」と定めるフランス人権宣言17条に示されるように、財産権は近代憲法成立期には不可侵の人権と理解されていた。しかし、社会国家思想の進展に伴い、財産権は社会的な拘束を負ったものと考えられるようになる。ワイマール憲法153条3項が「所有権は義務を伴う」と定めたのがその典型である。現代では、財産権は法律による広範な制限を受けている。

2　財産権保障の意味

　憲法29条1項は、「財産権は、これを侵してはならない」と定める。この規定は、個人が現に有する具体的な財産上の権利と、個人が財産権を享有しうる法制度、つまり私有財産制の二つを保障している。私有財産制の保障とは、財産権を制度として保障すること、つまり、財産を取得し、保持する権利一般を法制度として保障することである。

　また、29条1項によって保障される個別的な財産権とは、一切の財産的価値を有する権利を意味し、所有権その他の物権、債権のほか、無体財産権（著

作権、特許権、商標権、意匠権など）、鉱業権、漁業権などの特別法上の権利などがその例であり、公法的な権利である水利権や河川利用権なども財産権的性格を有する限りそれに含まれる。

3　財産権の制限

(1)　財産権の制限の根拠

　　憲法29条2項は、「財産権の内容は、公共の福祉に適合するやうに、法律でこれを定める」と規定する。これは、1項で保障された財産権の内容が、法律によって制約され得るものであるという趣旨を明らかにした規定である。そして、ここにいう「公共の福祉」は、各人の権利の公平な保障をねらいとする自由国家的公共の福祉のみならず、各人の人間的な生存の確保を目指す社会国家的公共の福祉を意味すると解されている。

　　最高裁は、共有森林について持分2分の1以下の共有者の分割請求を否定している森林法186条の合憲性が争われた事件において、森林経営の安定を図るという森林法186条の立法目的は公共の福祉に合致しないことが明らかであるとはいえないが、この目的と持分2分の1以下の共有者の分割請求を否定したこととの間には、合理的関連性がないとして、この規定を憲法29条2項違反と判断した（最判昭62.4.22民集41-3-408）。なお、森林法186条は、この判決後まもなく削除された。

(2)　条例による財産権の制限

　　29条2項が、財産権の内容は法律で定められるとしていることから、条例による財産権の制限が許されるかが問題となる。かつては、財産権が全国的な取引の対象となり得るから、その制限は法律で統一的に定められるべきだとする見解も存在したが、現在は、条例が地方公共団体の議会において民主的な手続によって定められる自主法である点などを根拠に、条例による財産権の規制を認める見解が通説となっている。なお、判例として、ため池の決壊等による災害を未然に防止するため、ため池の堤とうに竹木や農作物を植える行為等を禁止する条例の制定後も、従前どおり堤とうを

耕作した者が条例違反で起訴され、この条例の合憲性が争われた奈良県ため池条例事件において、最高裁は、ため池の決壊の原因となる堤とうの使用行為は、憲法、民法の保障する財産権の行使のらち外にあり、そのような行為については条例によって規制することができると判示した（最判昭38.6.26刑集17-5-521）。

4　財産権の制限と補償

憲法29条3項は、「私有財産は、正当な補償の下に、これを公共のために用ひることができる」と規定する。これは、公共目的を達成するために必要がある場合には、公権力が、強制的に私有財産を収用したり制限したりすることができ、その場合には正当な補償をすべきことを定めたものである。

(1)　「公共のために用ひる」の意味

「公共のために用ひる」の意味については、鉄道、道路、ダム、公園、学校、病院等の建設など公共事業のために私有財産を強制的に取得（公的収用）する場合だけでなく、より広く、社会公共の利益（公益）のために、財産権を制限する場合も含むと解するのが通説である。

(2)　補償の要否の判断基準

補償の要否の判断基準として、従来の通説は、私有財産の制限が特定の個人に対して特別の犠牲を強いるものである場合には補償が必要であるとしていた（特別犠牲説）。そして、特別の犠牲に当たるか否かの判断に当たっては、①侵害行為の対象が広く一般人か、特定人かという形式的基準と、②侵害行為が財産権に内在する社会的制約として受忍すべき限度内のものか、それを超えて財産権の本質的内容を侵すほどのものかという実質的基準を総合的に考慮して判断すべきだとしていた。これに対し、最近では、この特別犠牲説の実質的基準を中心に補償の要否を判断すべきであるとする見解が有力になっている。この見解によれば、財産権のはく奪やその財産権の本来の効用の発揮を妨げることとなるような侵害については、権利者の側に受忍すべき理由がある場合でない限り、補償を要し、その程

度に至らない規制については、①財産権の存在が社会的共同生活との調和を保っていくために必要とされるものである場合には、財産権に内在する社会的拘束の表れとして補償は不要（建築基準法に基づく建築の制限など）、②他の特定の公益目的のため財産権の本来の社会的効用とは無関係に偶然に課せられるものである場合には、補償が必要（重要文化財の保全のための制限など）、と解している。

(3) 「正当な補償」の意味

　　29条３項の「正当な補償」の意味については、従来から、完全補償説と相当補償説とが対立してきた。完全補償説が、その財産の客観的な市場価格を全額補償すべきであるとする見解であるのに対し、相当補償説は、その財産について合理的に算出された相当な額であれば市場価格を下回ることも可能であるとする。戦後の農地改革における農地買収価格についてこの論点が問題となった際には、最高裁は、「憲法29条３項にいうところの財産権を公共の用に供する場合の正当な補償とは、その当時の経済状態において成立することを考えられる価格に基き、合理的に算出された相当な額をいうのであって、必ずしも常にかかる価格〔＝市場価格：引用者注〕と完全に一致するものでない」と判示した（最判昭28.12.23民集7‐13‐1523）。これに対して、最近の有力な学説は、完全補償を原則とすべきであるとしつつ、農地改革のような既存の財産法秩序に対する社会的評価が変化した場合においては相当な補償でもよいとする。したがって、通常の既存の財産法秩序を前提として、その枠内で行われる侵害行為については、完全な補償を要すると解する。なお、最高裁は、土地収用法により土地が収用される場合には、完全な補償、すなわち、収用の前後を通じて収用された者の財産価値を等しくするような補償をなすべきであると判示した（最判昭48.10.18民集27‐9‐1210）。

(4) 法律上補償規定を欠く場合の問題

　　憲法上補償が必要とされる財産権の制限であるにもかかわらず、その財産権を制限する法律が補償規定を欠いている場合に、その法律は違憲無効

となるのかという点については、一般に、違憲無効にはならないと解されている。法律が補償規定を欠いている場合に、直接憲法を根拠に補償を求めることができるか否かという点については、最高裁は、損失補償に関する規定がないからといって、あらゆる場合について一切の損失補償を全く否定する趣旨とまでは解されず、「その損失を具体的に主張立証して、別途、直接憲法29条3項を根拠にして、補償請求する余地が全くないわけではない」と判示した（最判昭43.11.27刑集22-12-1402）。学説もこの立場を支持する。

第7節　社　会　権

　自由権を保障することは、その人権の歴史から明らかなように、人間の人間らしい権利を国家権力による侵害から守ろうとするものである。これに対し、自由主義、資本主義の発達によって、経済的社会的な弱者と強者が生じている実社会において、国家権力がこのことを放任するときは、弱者の人間らしい生活を維持する権利は、圧迫されて、失われてしまうことになりかねない。そのような人間としての生存を価値あるものにする権利について、国家権力は、積極的に介入して弱者のために後見的役割を果たす必要がある。つまり、経済的社会的生活において、貧しい者や弱い者にも人間たるに値する生存の実質を、国家権力によって保障するように配慮しなければならない。国家権力は、このような権利に対しては、これを保護し、維持し、助長する義務がある。このような権利が社会権である。人間の価値ある生存のための社会権は、福祉国家を背景に憲法上その位置を占めるようになった。

第7節　社　会　権

第1項　生　存　権

1　25条の意義

　　憲法25条1項は、「すべて国民は、健康で文化的な最低限度の生活を営む権利を有する」と規定している。この生存権の保障は、社会権の中で原則的な規定であり、国民が誰でも、人間的な生活を送ることができることを権利として宣言したものである。

2　生存権の権利の性質

(1)　生存権の法的性質については、学説は大きく①プログラム規定説、②抽象的権利説、③具体的権利説の三つに分かれる。①は、25条は、国がすべての国民が人たるに値する生存を営むことができるように努力することを国政の目標、方針（プログラム）として宣言したものであり、個々の国民に対して裁判を通じて請求できる具体的権利を保障したものではないとする。②は、25条は、国民に対して法的権利を保障したものであり、それに対応して、国は国民の生存権を確保すべき義務を負うが、ここにいう権利は抽象的権利にとどまり、それを具体化するための法律が制定されて初めて出訴可能な具体的権利となるとする。③は、生存権を具体化する法律が制定されていない場合にも、救済を要する状態にある国民は、立法の不作為の違憲確認訴訟を提起できるとする。

(2)　判例は、食糧管理法違反事件において、25条から直接に扶助請求権を導き出すことはできないとした（最判昭23.9.29刑集2-10-1235）。その後、厚生大臣の定める生活保護基準が「最低限度の生活」を満たしていないとして提訴した朝日訴訟において、生活保護法による裁量権のゆ越又は濫用の場合には司法審査の対象となると判示し（最判昭42.5.24民集21-5-1043）、さらに、障害福祉年金と児童扶養手当の併給制限に関する堀木訴訟においても同様の判断を示した（最判昭57.7.7民集36-7-1235）。

第２項　教育を受ける権利

1　教育を受ける権利の意義

　憲法26条１項は、「すべて国民は、法律の定めるところにより、その能力に応じて、ひとしく教育を受ける権利を有する」と規定している。ここでいう「その能力に応じて、ひとしく」とは、14条の要請である平等原則を前提として、各人の能力の違いに応じて異なった内容の教育を可能とする趣旨である。国は、国民の教育を受ける権利を尊重し、普通教育においては、学校の設備（校舎、運動場、図書館）、人的組織（教員）を整える責務を有する。高等教育においても、同様に、積極的に整備する義務があるというべきである。

　普通教育において、子どもの教育の内容を決定する権能（教育権）が誰に帰属するのかという点については、従来から、国家が教育内容及び方法について包括的に定めることができるとする見解（「国家の教育権」説）と、教育内容を決定するのは親や教師といった国民であり、国家が教育内容に介入することは原則的に許されないとする見解（「国民の教育権」説）が対立していた。この点について、最高裁は、前記（50ページ）の旭川学テ事件判決において、これらの「二つの見解はいずれも極端かつ一方的であり、そのいずれをも全面的に採用することはできない」とした上で、「まず親は、子どもに対する自然的関係により、子どもの将来に対して最も深い関心をもち、かつ、配慮をすべき立場にある者として、子どもの教育に対する一定の支配権、すなわち子女の教育の自由を有すると認められるが、このような親の教育の自由は、主として家庭教育等学校外における教育や学校選択の自由にあらわれるものと考えられるし、また、私学教育における自由や……教師の教育の自由も、それぞれ限られた一定の範囲においてこれを肯定するのが相当であるけれども、それ以外の領域においては、一般に社会公共的な問題について国民全体の意思を組織的に決定、実現すべき立場にある国は、国政の一部として広く適切な教育政策を樹立し、実施すべく、また、しうる者として、憲法

上は、あるいは子ども自身の利益の擁護のため、あるいは子どもの成長に対する社会公共の利益と関心にこたえるため、必要かつ相当と認められる範囲において、教育内容についてもこれを決定する権能を有するもの」であると判示した。

　なお、26条1項の「教育」には、学校教育に限らず社会教育も含む。

2　2項の無償の意義

　論議のあるところであるが、最高裁は、授業料に限り無償と規定している教育基本法は合憲であるとし、憲法26条2項は、その他の教科書や学用品など教育に必要な一切の費用を無償とすることを規定したものではないと判示している（最判昭39.2.26民集18-2-343）。もっとも現在は、「義務教育諸学校の教科用図書の無償措置に関する法律」及び「義務教育費国庫負担法」などにより、教科書は無償配布とされている。

第3項　勤労の権利

1　憲法27条1項前段は、「すべて国民は、勤労の権利を有」すると規定している。この規定の趣旨は、職を持たない国民が、特定の就労の場所の提供を要求する請求権を保障するものではない。勤労の権利の内容については、一般に、労働の意思と能力を持つ者が、私企業等で就業することができないときに、国家に対して労働の機会の提供を要求し、それが不可能なときには相当の生活費の支払を請求する権利と解されている。この権利の実現には国の施策が要求され、実際には、職業安定法や雇用保険法などの多くの法律が制定されている。

2　この勤労の権利の具体的保障として、憲法27条2項は、法律で労働条件に関する基準を定めることを国家に義務づけ、同条3項は、児童の取扱いについて、「酷使してはならない」としている。これは、社会権である勤労の権

利に対する国家の後見的役割として、労働条件の劣悪による人間に値しない生活を防ぎ、最低の条件を維持することを義務づけたものである。労働基準法は、その趣旨に基づく法律である。

第4項　労働基本権

1　労働基本権の意義

　憲法28条は、「勤労者の団結する権利及び団体交渉その他の団体行動をする権利は、これを保障する」と定めて団結権、団体交渉権、団体行動権（争議権）の三権を保障している。これらの権利は、経済的に弱者である勤労者に対して、その利益を確保保護するために、使用者と実質的に対等の立場に立つことができるための手段方法として認められるものである（最判昭24.5.18刑集3-6-772）。団結権は、個々の労働者を団結させ、使用者と対等の地位に立たせようとするものであり、具体的には労働組合を結成する権利を意味する。団体交渉権は、労働組合を通じて使用者に対して賃金その他の労働条件などについて交渉する権利である。団体行動権は、これらの労働組合の活動に必要な行動をとることを保障するものであるが、そのうちで特に重要なのがストライキをはじめとする争議権の保障であり、それは使用者に要求を受諾させる有効な手段となる。

2　労働基本権の性格

　労働基本権の保障は、通常、社会権に分類されるが、使用者との関係で労働者の権利を保障するという特質のために、多様な法的性格をもつ。第1に、労働基本権は、労働基本権の行使が公権力によって制限されないことを意味する。これは、特に刑罰からの自由を意味し、正当な争議行為に対する刑事免責を認めている労働組合法1条2項はこの趣旨を確認したものである。第2に、労働基本権の保障は、使用者に対して労働基本権の尊重を義務づけるものであり、この意味で、私人間に直接適用される。使用者からの損害賠償

に対する民事免責を認めている労働組合法8条はこの趣旨を確認したものである。第3に、労働基本権の社会権としての側面として、国は労働基本権の実現のために立法その他の措置を講ずる義務がある。不当労働行為（労組7）や労働委員会（労組27）などの救済制度がその例である。

3　労働基本権の限界

労働組合は、その組織の維持と目的の実現のために、組合員に対して一定の規制、制裁を加えることができる。これは労働組合の統制権といわれ、憲法28条の団結権の保障に由来する。しかし、統制権は組合の目的の範囲内にのみ及び、しかも、組合員の権利を不当に制限することはできない。この点について、組合員の立候補の自由と労働組合の統制権の関係が問われた三井美唄炭坑労組事件で、「組合員に対し、勧告または説得の域を超え、立候補を取りやめることを要求し、これに従わないことを理由に当該組合員を統制違反者として処分する」ことは、統制権の限界を超え違法であると判示した（最判昭43.12.4刑集22-13-1425）。

4　公務員の労働基本権

現行法上、①警察職員、消防職員、自衛隊員、海上保安庁職員、刑事施設に勤務する職員は、労働基本権のすべてが否定され（国公108の2Ⅴ、地公52Ⅴ、自衛64Ⅰ、Ⅱ）、②非現業の公務員は、団体交渉の一部と争議権が否定され（国公108の2Ⅲ、108の5Ⅱ、98、地公37Ⅰ、55Ⅱ）、③現業の国家公務員、国営企業職員、地方公営企業の地方公務員については、争議権が否定されている（国公98Ⅱ、行政執行法人の労働関係に関する法律17Ⅰ、地方公営企業等の労働関係に関する法律11Ⅰ）。

公務員の労働基本権の制限について、最高裁は、全農林労働組合の役員が、全農林組合員に対して、勤務時間内の抗議行動をそそのかしたとして国家公務員法98条5項、110条1項17号により起訴された全農林警職法事件において、公務員の地位の特殊性と職務の公共性を重視し、①公務員の勤務条件は

国会の制定した法律、予算によって定められるから政府に対する争議行為は
的はずれであること、②公務員の争議行為には私企業の場合と異なり市場抑
制力がないこと、③人事院をはじめ制度上整備された代償措置が講じられて
いることなどの理由を挙げて、国家公務員法による制限を合憲とした（最判
昭48.4.25刑集27-4-547）。

第8節　参　政　権

1　参政権の意義

　国民主権原理の下で、国民は、主権者として、国の政治に参加する権利を
有する。国民の政治参加のために、議員の選挙権、被選挙権、国民投票権、
公務員となる権利が保障されている。これらの権利を総称して参政権とい
う。参政権は、近代憲法において広く保障されている重要な権利であり、民
主政治の発展とともに拡充されてきた。

　憲法15条1項は、「公務員を選定し、及びこれを罷免することは、国民固
有の権利である」と定め、国民が公務員の任免権を有することを宣言してい
る。ただし、この規定は、公務員の選定及び罷免が究極的に国民の意思に基
づくべきことを一般的に宣言したものであり、すべての公務員の選任に選挙
を要求するものではない。

2　選挙権、被選挙権の法的性格

　選挙権の法的性格については、争いがある。選挙人として公務に参加する
という公務としての側面と、国政への参加を国民に保障する権利としての側
面を併せ持つと解する二元説が通説であるが、選挙権は専ら国政に参加する
権利であるとする権利説もある。もっとも、実際には両説の間にはそれほど
の相違は存在しない。選挙権には、公職選挙法上、年齢上の制限（公選9）
及び一定の欠格事由、停止事由（公選11）が定められている。

　なお、被選挙権については、従来は、権利ではなく権利能力とし、選挙人団によって選定されたとき、これを承諾し公務員となり得る資格と解されてきた。しかし、近時は、国民が選挙に立候補するという意味での被選挙権は、憲法により保障された国民の基本的権利と解する見解が有力である。最高裁は、前記の三井美唄炭坑労組事件判決において、立候補の自由について、15条1項の保障する重要な基本的人権の一つとしている。

3　選挙に関する憲法上の原則

　一般に、近代憲法における選挙の原則として、普通選挙、平等選挙、直接選挙、秘密選挙、自由選挙の五つが挙げられる。日本国憲法も、これらの原則を採用している。

(1)　普通選挙

　憲法15条3項は、成年者による普通選挙を保障する。普通選挙とは、もともと、一定の納税額や財産の存在を選挙権の要件とする制限選挙と対比され、そのような要件を認めない選挙を意味した。しかし、現在ではそれにとどまらず、性別、教育なども選挙権の要件としない選挙を意味し、これらによる差別も禁じられている（憲44ただし書）。

(2)　平等選挙

　憲法14条及び44条は、平等選挙の原則を定める。平等選挙には、投票機会の平等と投票価値の平等の二つの意味がある。投票機会の平等は、選挙権の数的平等を意味しており、選挙人を特定の等級に分けて等級別に代表者を選出する等級選挙や特定の選挙人に2票以上の投票を認める複数選挙などの不平等選挙は認められない。投票価値の平等については32ページ参照。

(3)　直接選挙

　直接選挙とは、選挙人が直接公務員を選出する選挙を意味する。憲法では、地方選挙について直接選挙を明示した規定（憲93Ⅱ）があるのに対して、国会議員について規定を欠いている（ただし、公職選挙法が直接選挙を採用し

ている。)。直接選挙に対するものが間接選挙であり、これは、選挙人がま
ず選挙委員を選び、次にその選挙委員が公務員を選挙するものをいう。

(4)　**秘密選挙**

　　秘密選挙とは、選挙人の投票の内容を第三者に明らかにしないようにす
る選挙を指し、秘密投票とも呼ばれる。秘密選挙は、公開投票制度と対を
なす。選挙人が投票によって不利な立場に立つことなく自由に投票するこ
とによって、選挙の自由と公正を確保することを目的とする。憲法15条4
項は、「すべて選挙における投票の秘密は、これを侵してはならない。選
挙人は、その選択に関し公的にも私的にも責任を問はれない」と定める。

(5)　**自由選挙**

　　一般に、自由選挙における自由とは、棄権しても何ら制裁は科されない
選挙人の投票の自由を意味する。その場合の自由選挙は、任意投票制とも
呼ばれ、強制投票制と対をなす。なお、選挙運動の自由という意味で自由
選挙という場合もある。

第9節　受　益　権

　受益権（国務請求権）とは、国民が国家に対して、国民の利益となる一定の
行為を要求することができる権利をいう。

第1項　請　願　権

　憲法16条は、請願権を規定する。明治憲法でも、30条に規定されていた。歴
史的には、政治上の言論の自由が確立されていなかった時代に、君主の恩恵に
期待して、その救済を請い願うことに由来している。請願権は、単に希望を述
べ、その希望の受理を要求できるだけであって、内容実現の追求権を含まない。
しかし、請願法5条は、「これを受理し誠実に処理しなければならない」と、

公務員に義務づけている。請願権は、今日では国民主権に基づく参政権の性格
を有している。請願は、法人その他の団体、外国人もすることができる。

第2項　裁判を受ける権利

　憲法32条は、「何人も、裁判所において裁判を受ける権利を奪はれない」と
規定している。裁判を受ける権利は、民事事件及び行政事件については、裁判
所に訴えを提起する権利の保障を意味する。裁判所は、適正な手続で提起され
た事件に対しては、裁判の拒絶が禁止される。刑事事件については、被告人は
裁判所の公平な裁判によらずに刑罰を科せられないことが保障される。このこ
とは37条1項で重ねて規定されている。
　32条にいう「裁判所」とは、76条1項の最高裁判所と下級裁判所を指し、「裁
判所において裁判を受ける」権利には、76条2項の特別裁判所及び行政機
関の終審裁判の禁止の趣旨が内包されている。また、32条でいう「裁判」とは、
82条によって、公開、対審の訴訟手続による裁判を意味する（最決昭35.7.6民集
14-9-1657）。

第3項　刑事補償請求権

　憲法40条は、無罪の裁判を受けた者の救済に関する規定である。これは、次
の賠償請求権とともに、国家機関により人権が侵害された場合の救済を求める
権利の一種というべきである。ただ、逮捕、勾留、拘禁、裁判の各手続が適法
であっても、無罪である場合には、国家には補償の義務があるところが、17条
とは異なる。
　起訴後の者については刑事補償法、不起訴の者については被疑者補償規程に
よって補償を受けることができる。

第４項　賠償請求権

　憲法17条は、広く公務員の不法行為に基づく損害に対する、国民の賠償請求権を認めた。明治憲法下では規定されなかったものである。この規定は、公務員の非権力的作用のみならず、権力的作用（租税の賦課徴収、警察強制、逮捕監禁など）による公務員の不法行為についても、国民に賠償請求権があり、その場合、国又は公共団体が賠償の責任を負うことを定めたことに、特別の意味があるというべきである。この規定をうけて、国家賠償法が制定されている。

第10節　国民の基本的義務

第１項　教育を受けさせる義務

　憲法26条２項前段は、１項の「教育を受ける権利」に対応して、「すべて国民は、法律の定めるところにより、その保護する子女に普通教育を受けさせる義務を負ふ」と規定した。教育の義務とは、教育を受ける権利を有する子女に、教育を受けさせる義務である。この義務を負う「保護者」は、親権を行う者、未成年後見人である。義務教育の内容は、普通教育であり、教育基本法によって９年と定められている。この９年は、保護者にとっては教育の義務を負うが、子女にとっては教育を受ける権利を有する。そのため、市町村は、小中学校を設置する義務を負うし、憲法26条２項後段は、「義務教育は、これを無償とする」と定めて、経済的負担を負うことを明らかにしている。したがって、授業料は徴収しない。

第2項　納税の義務

　憲法30条は、法律の定めるところにより、国民が納税の義務を負うことを定める。納税の義務とは、租税を納める義務をいい、租税の意義は、84条の租税と同じである。国又は地方公共団体が、その経費に充てる目的で強制的に徴収する金銭をいう。国税のほか地方税も含む。本条は84条とともに租税法律主義を定めていると解される。

　最高裁は、本条及び84条について、「これらの規定は、担税者の範囲、担税の対象、担税率を定めるにつき法律によることを必要としただけではなく、税徴収の方法も法律によることを要するものとした趣旨と解すべきである」として、租税法律主義には徴税手続の法定も含まれることを明示している（最判昭37.2.28刑集16-2-212）。

第3項　勤労の義務

　憲法27条1項は、勤労の権利とともにその義務を定める。この勤労の義務とは、労働能力ある者は自己の勤労によって生活を維持すべきであるということを意味するにとどまり、国家が強制的に、国民を労働に服させることを定めたものではない。

第3章　国民主権と天皇制

第1節　国民主権

1　主権の意味

　主権という言葉の主な用法としては、①国家権力そのもの（国家の統治権）を指す場合、②国家権力の属性としての最高独立性を指す場合、そして③国政についての最高の決定権を指す場合がある。①の国家権力そのものという意味の主権の用例としては、ポツダム宣言8項の「日本国ノ主権ハ、本州、北海道、九州及四国並ニ吾等ノ決定スル諸小島ニ局限セラルベシ」がある。②の国家権力の最高独立性を示す主権の用例としては、憲法前文3項の「自国の主権を維持し」がある。これに対し、前文1項の「主権が国民に存する」、1条の「主権の存する日本国民」という場合には、③の意味の主権、すなわち国の政治のあり方を最終的に決定する権力又は権威が国民に帰属することが述べられている。

2　国民主権の内容

(1)　主権の主体

　主権の主体について、かつては、政治的な配慮などから、国家に主権があるなどという説明がなされたこともあったが、理論的には正当なものとはいえない。また、国民主権の観念は、君主主権との対抗関係の中で発達してきたもので、両者は相反する関係にある。したがって、主権は天皇を含む国民全体にあるという説明も正当ではない。

(2)　正当（統）性と権力性の両契機

　国民主権の原理には、二つの要素が含まれている。一つは、国家の権力行使を正当づける究極的な根拠が国民に存するということであり、他の一

― 77 ―

つは、国の政治のあり方を最終的に決定する権力を国民自身が行使するということである。前者は、国民主権の正当性の契機、後者は、国民主権の権力的契機といわれることがある。

第2節　天　皇　制

第1項　天皇の地位

日本国憲法における天皇の地位は、明治憲法下の天皇の地位とは、本質的に異なっている。その特徴を列挙すると、次の点にある。

第1に、天皇は、統治権の総攬者、すなわち、一切の国家権力を行使する者ではない。主権は、国民にある。天皇は、国政に関する権能を有せず（憲4）、立法、行政、司法の三権は、それぞれ国会、内閣、裁判所に専属する。天皇が国家の中で占める地位は、1条にあるように、日本国の象徴であり、国民統合の象徴である。「象徴」とは、抽象的、非感覚的なものを、具体的、感覚的なものによって具象化することである。キリスト教の象徴は十字架とするようなものである。第2は、世襲制は存続（憲2）されたが、天皇の地位は、主権者たる国民の総意に依拠している。第3は、その当然の結果として、天皇は神格性を有しない。

第2項　天皇の権能

1　天皇の象徴たる地位とその権能

象徴としての天皇は、国政に関しない一定の国事に関する行為を担当する権能のみを認められている（憲4）。その行為の一定事項は、憲法6条、7条に列挙するところであるが、いずれも非権力的、非政治的な事項に限られている。

2　国事に関する行為

(1)　行為の具体的内容

　　6条、7条に列挙するところによる。中には、衆議院の解散のように国政に関すると思われる事項も含まれているが、天皇がタッチするのは、いずれも形式的、儀礼的な面にとどまり、実質的内容の決定に参加するものではない。これを分類すると、次の3種類に分けられる。

　ア　行為そのものが形式的、儀礼的なもの

　　儀式を行うこと（憲7⑩）、外国の大使、公使の接受（憲7⑨）

　イ　認証行為を行うもの

　　国務大臣、官吏の任免の認証、全権委任状、信任状（大使、公使）の認証（憲7⑤）、大赦等の認証（憲7⑥）、批准書、外交文書の認証（憲7⑧）。「認証」とは、国家機関によって有効に成立している国家行為や国家意思について、その事実の存在を公に証明することである。その行為を権威づけるために行われる証明行為であって、行為の成立要件ではないから、要認証行為に認証が欠けていても、その行為は無効ではない。認証は、天皇が署名する方式で行われる。

　ウ　外見上国政に関する行為に見えるが、形式的、儀礼的にすぎないものがある。内閣総理大臣、最高裁判所長官の任命（憲6）、法律、政令、条約等の公布（憲7①）、国会の召集（憲7②）、衆議院の解散（憲7③）、総選挙の施行公示（憲7④）、栄典の授与（憲7⑦）がそれである。これらの事項の実質的な決定権は、いずれも国家のそれぞれの機関が有しており、天皇は、決定された事項を儀礼的に行うにとどまる。

(2)　行為についての天皇の責任

　　憲法3条は、「天皇の国事に関するすべての行為には、内閣の助言と承認を必要」とする、と規定している。天皇は、その権能に属する行為を単独で行うことはできず、絶対に「助言と承認」に拘束される。かつ、これを拒否することはできない。7条には、重ねて「助言と承認」の規定があるが、6条にはない。しかし、6条の行為も国事行為であるから、「助言

と承認」は必要である。

　「助言」とは、事前に、かつ、能動的に意見を申し出ることであり、「承認」とは、事後に、かつ、受動的に同意することを意味するが、要するに、内閣の意見に基づいて行為することであって、助言及び承認とか、助言又は承認とかの二つの行為とみるべきではなく、一つの行為と解すべきである。天皇の国事行為は、すべて内閣の意見どおりであるから、天皇の行為に、違法不当なものがあるときは、3条後段は、「内閣が、その責任を負ふ」と規定している。これは、天皇に代わって責任を負うのではなく、内閣自体の行為について、責任を負うのである。明治憲法の「輔弼」の責任（明憲55）とは異なる。

(3)　天皇の公的行為

　天皇は、憲法で定める国事行為のほか、当然に私人としての行為（私的行為）を行うことができる。ところが、さらに、天皇は、例えば、国会の開会式に参列して「おことば」を述べ、外国元首と親書を交換し、外国を公式に訪問するなど、純然たる私的行為でもなく、また国事行為にもあてはまらない行為を実際に行っている。そこでこれらの公的な行為が憲法上認められるかが問題となる。この点については、①憲法が「国事に関する行為のみを行ひ」（憲4）と規定していることを重視し、国事行為以外の公的行為を認めない見解と、②「象徴としての行為」として、又は公人としての地位に基づいて、一定の公的行為を行うことを認める見解がある。

第3項　皇室の経済

　明治憲法にあっては、皇室の経済は、皇室自律主義を原則とし、議会がこれに関与することを排斥したが、現行憲法では、この原則を廃して、皇室経済に関するすべての事項を、国会の統制の下に置いた。

　憲法88条は、すべての皇室財産は、国に属するとし、すべての皇室費用は、国会の議決によることとし、8条は、皇室に財産を譲渡したり、皇室が譲り受

け、又は賜与することも、国会の議決に基づくこととした。皇室経済法は、その運用について定めている。

第4章　国　　会

第1節　三権分立

　前に述べたように、現行憲法は、国民主権を基本原則とし、国政を国民の代表者に厳粛に信託し、国民の代表者がこれを行使することとしている。この国政の行使の機構、すなわち統治の機構の基本原理として、現行憲法は、三権すなわち立法権、行政権、司法権の三権分立の原則に立っている。

1　権力分立制の意義

　権力分立原理は、国民の権利、自由を擁護するために、国家権力を立法、行政、司法の三種に分離し、さらにそれら三権をそれぞれ独立の機関に担当させ、相互に抑制と均衡を図ることによって、国家権力の濫用を防止することを目的とする。この権力分立原理は、一般にジョン・ロックやモンテスキューによって理論化されたと理解されている。ロックは、「統治二論」（「市民政府論」）の中で、法律を制定する立法権とこれを執行する執行権の二つに分けてそれぞれを議会と君主に帰属させるとした。モンテスキューは、「法の精神」の中で、立法権と執行権に区別した上で、後者をさらに、万民法に属する事項の執行権（戦争や講和、治安維持等を行う国家の行政権）と、市民法に属する事項の執行権（犯罪を罰し紛争を裁く裁判権）に分けて三権分立論を主張した。

　その後、権力分立制は、各国の歴史的な政治状況の違いに応じて、さまざまな形態をとって発展していった。例えば、アメリカでは、三権が厳格に分離されている。これに対して、フランスでは、議会優位の権力分立制の伝統が強い。イギリスでは、議会と政府の二元的な議院内閣制から、議会優位の一元的議院内閣制へと変化してきている。

2　現行憲法における三権分立

　明治憲法も、一応三権分立の統治機構を採っていたが、その三権は、いずれもすべて統治権の総攬者である天皇を助ける機関にすぎず、独立固有の権力を掌握するものではなかった。これに対し、現行憲法においては、立法権は国会に（憲41）、行政権は内閣に（憲65）、司法権は裁判所に（憲76Ⅰ）それぞれ属するとして、権力の分立を徹底強化している。もっとも、三権相互の間には、それぞれを抑制する権限が付与されている。その大要を述べると、次のとおりである。

(1)　国会と内閣との関係

　内閣の構成について国会を基盤とする（憲67、68Ⅰ）。内閣の組織は国会の定める法律に基づかなければならない（憲66Ⅰ）。内閣は国会に対して連帯して責任を負う（憲66Ⅲ）。衆議院による内閣不信任があれば、内閣は総辞職しなければならない（憲69、70）。議院の国政調査権は行政権に及ぶ（憲62）。内閣は衆議院の解散権を有する（憲69、7③。後記（94ページ）参照。）。

(2)　国会と裁判所との関係

　裁判官の職権行使は、法律に従い（憲76Ⅲ）、国会に設置される弾劾裁判所は裁判官を罷免することができる（憲64、78）。議院の国政調査権は、司法権の独立を侵さない範囲で司法権にも及ぶ（憲62）。裁判所は、法律の合憲性についての審査権を有する（憲81）。

(3)　内閣と裁判所との関係

　最高裁判所長官の指名及び裁判官の任命は、内閣が行う（憲79、80、6）。裁判所は、行政処分等の違法性を審査し（憲76Ⅰ）、合憲性を判断できる（憲81）。

第2節　国会の地位と権能

1　国会の地位

国会は、国民の代表機関、国権の最高機関、唯一の立法機関という三つの
地位を持つ。

(1)　国民の代表機関

憲法43条１項は、「両議院は、全国民を代表する選挙された議員でこれ
を組織する」と定める。ここにいう「代表」とは、代表する者の行為が、
法的に、代表される者（国民）の行為とみなされるという法的な意味では
なく、国民は代表機関を通じて行動し、代表機関は国民の意思を反映する
ものであるという政治的な意味だと解するのが、伝統的な見解であった。
具体的には、議員は、①特定の選挙区や選出母体の代表ではなく、全国民
の代表であり、②選出母体等の命令には拘束されず（命令委任の禁止）、自
己の信念に基づいてのみ発言、表決する（自由委任の原則）ことを意味す
る。つまり、現実の国民の意思と議員の意思との一致は要求されていな
かったのである。

しかし、今日の政治の実態においては、議員は選挙民の意思からすべて
独立に国政について判断すべきだとは考えられておらず、選挙民の意思を
できるだけ忠実に反映すべきだと考えられている。

日本国憲法における「代表」の観念も、43条１項で議員を「全国民を代
表する」ものとし、51条で表決の自由を認めつつも、15条３項が普通選挙
を保障していることなどから、国民の意思をできるかぎり忠実に国会に反
映されるべきものと解するのが一般的である。

(2)　国権の最高機関

憲法41条は、「国会は、国権の最高機関であ」ると定める。「最高機関」
とは、国会が主権者である国民によって直接選任され、その点で国民に結

びついており、しかも立法権をはじめとする重要な権能を憲法上与えられ、国政の中心的地位を占める機関である、ということを強調する政治的美称である。国会は、主権者でも統治権の総攬者でもなく、内閣の解散権と裁判所の違憲法令審査権によって抑制されていることを考えると、国会が最高の決定権や国政全般を統括する権能を持った機関であるというように、法的意味に解することはできない。

(3)　唯一の立法機関

　明治憲法において、議会は、天皇の立法権に協賛するにすぎなかったが、日本国憲法においては、国会は、「国の唯一の立法機関である」（憲41）とされている。これは、立法権を国会が独占することを意味する。ここでは、「立法」とは何を意味するのか、「唯一」とはいかなる意味を持つかが問題となる。

ア　立法の意味

　41条における「立法」とは、形式的意味の法律（憲法の定める手続によって国会で制定された「法律」という名称の法）の定立ではなく、実質的意味の法律（法規範の内容に着目し、一定の内容を有する法規範）の定立を意味する。実質的意味の法律とは何かについては、国民の権利を制限し又は義務を課す法規範と解する見解と、それに限定することなく、広く一般的、抽象的な法規範と解する見解がある。ここでいう「一般的、抽象的」とは、法律が不特定多数の人や事件に一般的に適用される性質を有するということである。

イ　唯一の意味

　国会が「唯一」の立法機関であるというのは、実質的意味の法律の定立が、国会を中心として行われ（国会中心立法の原則）、かつ、国会の議決のみで成立すること（国会単独立法の原則）を意味する。

　国会中心立法の原則のために、明治憲法下における緊急勅令（明憲8）や独立命令（明憲9）のような行政立法は認められず、行政権による立法は、「憲法及び法律の規定を実施するため」（憲73⑥）の執行命令と、

法律の委任に基づいて制定される委任命令に限られる。国会中心立法の原則に対しては、憲法自身が、両議院の規則制定権（憲58Ⅱ）、裁判所の規則制定権（憲77）、地方公共団体の条例制定権（憲94）などの例外を定めている（ただし、最後のものについては例外ではないとする見解もある。）。

　国会単独立法の原則により、法律案は、両議院で可決されたときに法律となる（憲59Ⅰ）。天皇による公布（憲7①）は、明治憲法下における裁可（明憲6）と異なり、法律の成立要件ではない。国会単独立法の原則の例外には、憲法95条の定める「一の地方公共団体のみに適用される特別法」（地方特別法）があり、これは、両議院の議決のほか、その地方公共団体の住民の投票による同意が成立要件とされている。なお、内閣は法律案提出権を有するが（内5）、これは、憲法72条前段の「議案」に法律案も含まれると解されること、議院内閣制の下では国会と内閣の協働が要請されていること、国会は法律案を自由に修正、否決できること、などの理由から違憲ではないと解されている。

2　国会の権能

　国会は、立法権以外にも、憲法で定めているものに、次の権能がある。

(1)　憲法改正の発議（憲96Ⅰ）

(2)　内閣総理大臣の指名（憲67Ⅰ）

(3)　条約の承認（憲61、73③）

(4)　皇室財産授受の議決（憲8）

(5)　弾劾裁判所の設置（憲64）

(6)　財政監督（憲83）

(7)　一般国務、外交関係の報告を受ける権能（憲72）

(8)　予算の議決（憲60Ⅰ）

　法律で定めているものに、次の権能がある。

(1)　中央選挙管理委員の指名（公選5の2Ⅱ）

(2)　人事官の訴追（国公8Ⅰ②）

(3)　日本に特別功労ある外国人の帰化の承認（国籍9）

(4)　自衛隊出動の承認（自衛76Ⅰ、78Ⅱ）

第3節　国会の組織

第1項　国会の二院制

　国会が二つの合議体から構成される複合機関である場合、これを二院制という。各国の実際は、二院制を採用する国もあるが、一院制の国も多い。各国に見られる二院制の形態には、大別して3種がある。第1は、貴族院型の上院（第二院）を構成する場合である。下院（第一院）は、国民の公選による議員で構成されるが、上院は、国王などの任命する貴族（僧侶を含む。）によって構成される場合で、イギリスや明治憲法下の日本がその例である。これは、下院の勢力を抑制しようとする意図の下に設けられている。第2は、連邦型の上院を構成する場合である。これは、連邦国家において、連邦全体の代表である1院のほかに、連邦を構成する各州の代表から構成される1院を設けるものである。アメリカ合衆国、ドイツ連邦共和国がその例である。この型の上院は連邦の特殊性に基づき、各州の利益を反映させようとするものである。第3は、民主的単一国家において、なお二院制を採る場合がある。この場合、前述の貴族型院や連邦型ほど二院制を採用する目的が明確でなく、二院制の存在理由が問題となる。これについては、次のようなことが指摘されている。

(1)　両院の相互的な抑制、けん制により、議会の専制化を防止すること。これは、権力分立理論の議会制度への適用である。

(2)　1院と政府との間の衝突を、他の1院が緩和する機能があること。

(3)　1院が民意を正しく反映しなかったり、多数決の横暴に流れるとき、他の1院が是正すること。

(4)　2院がそれぞれ国民に存する種々の利益や意見を代表することができること。

(5)　1院における審議、議決の後、更に他の1院において審議されることは、この期間における世論の推移を議会に反映させるのに役立つこと。

(6)　1院が活動不能になったとき、他の1院に補充的役割を演じさせることができること。

　本来1院をもって国民の総意を結集することができ、正しく民意を反映する議決を行うならば、他の1院の存在は不必要なのであるが、実際上2院を設けることは、要するに第二院（上院）に、第一院（下院）に対する抑制又は補充協力の役割を果たさせることによって、議会の審議を慎重妥当にし、国民の総意を代表するという国会の機能を万全にすることにある。

第2項　両議院の関係

1　組織上の関係

　憲法は、まず、衆議院、参議院ともに、「全国民を代表する選挙された議員でこれを組織」し（憲43 I）、成年者による普通選挙によってそれらの議員を選出すべきものとする（憲15Ⅲ、44）。その上で、両議院は別個独立のものとして構成される必要があるから、両議院の議員の兼職を禁止している（憲48）。衆議院議員の定数は、480人であり、そのうち300人が小選挙区選出、180人が比例代表選出の議員である（公選4 I）。満20歳以上の者が選挙権を有し、満25歳以上の者が被選挙権を有する。任期は4年であるが、解散があったときは、任期はそれだけ短縮される（憲45）。参議院議員の定数は、242人であり、そのうち146人が選挙区選出、96人が比例代表選出の議員である（公選4Ⅱ）。選挙権は衆議院議員の場合と同じであり、被選挙権は満30歳以上である。任期は6年であるが、3年ごとに議員の半数を改選する（憲46）。

2　活動上の関係

　両議院の活動上の関係には、同時活動の原則と独立活動の原則とがある。まず、両議院は、同時に召集され、開会、閉会される。この同時活動の原則については、衆議院が解散された場合に「参議院は、同時に閉会となる」（憲54Ⅱ本文）とする以外に明文の根拠はないが、二院制を採用したことから当然に導き出される。ただし、例外として参議院の緊急集会がある（憲54Ⅱただし書）。

　両議院が独立して議事を行い、議決することも、二院制の趣旨から導き出される原則である。ただし、両議院の議決が一致しないときには、両院協議会が開かれる（憲59Ⅲ）。

3　権能上の関係

　両議院の権能の関係は、両院を原則的に対等とするものと一方を優位させるものがあり得る。明治憲法は両院の対等を原則としたが、日本国憲法では、権能の範囲及び議決の効力について衆議院を優越させている。権能の範囲については、予算先議権（憲60Ⅰ）及び法的な効果を伴う内閣信任、不信任決議権（憲69）を衆議院の権能としている。議決の効力の面で衆議院の優越が認められているのは次のとおりである。

(1)　法律の議決（憲59Ⅱ、Ⅳ）

　　両院の意思が合致しない場合、又は参議院が衆議院の可決した法律案を受け取った後、国会休会中の期間を除いて、60日以内に議決しない場合は、衆議院で、出席議員の3分の2以上の多数で再議決したときに、法律は成立する。

(2)　予算の議決（憲60Ⅰ）

(3)　条約の承認（憲61）

(4)　内閣総理大臣の指名（憲67Ⅱ）

この(2)から(4)までの3件について、両院の意思が合致しない場合は、両院の協議会を開くが、なお意見が一致しないとき、又は参議院が、衆議院の可決し

た予算、条約、指名を受け取った後、国会休会中の期間を除いて30日（指名は10日）以内に議決しないときは、衆議院の議決が、国会の議決となる。

　このように、常に衆議院が優越するが、ただ、憲法改正の発議は、各議院の総議員の3分の2以上の賛成を要し、衆議院の優越は認められていない（憲96Ⅰ）。

第3項　両議院の権能

1　国会の権能とは別に、各議院の権能がある。各議院がそれぞれ有し、両議院に共通なものとして憲法が認めているのは、次のとおりである。
　⑴　その議員の資格に関する争訟を裁判する権能（憲55）
　⑵　その議長その他の役員を選任する権能（憲58Ⅰ）
　⑶　院内の秩序を乱した議員を懲罰する権能（憲58Ⅱ）
　⑷　その会議その他の手続及び内部の規律に関する規則を定める権能（憲58Ⅱ）
　⑸　国政に関する調査を行い、これに関して証人の出頭及び証言並びに記録の提出を要求する権能（国政調査権）（憲62）
　⑹　逮捕された議員の釈放を要求する権能（憲50）
　このほか、衆議院のみが有する権能のうち、重要なものは、次のとおりである。
　⑴　内閣不信任案の可決、又は内閣信任案の否決の権能（憲69）
　⑵　参議院の緊急集会中に採られた措置に対し、同意を与える権能（憲54Ⅲ）
　参議院のみが有する権能としては、前述したように、緊急集会の権能がある。

2　国政調査権

　以上の権能のうち、国政調査権は、明治憲法にはなかった各議院の調査権であり、これを、日本国憲法は保障している。国政調査権は、国会が立法そ

の他重要な権能を行使するに当たって、国政について確実な資料に基づく正しい知識と判断力を持つ必要があり、そのため議院において必要な資料を収集するために設けられた、立法権に伴う補助的権能である。憲法は、国政の調査権が実効を上げる手段として、裁判所のように、証人に出頭を命じ、証言をさせ、記録の提出を要求できるものと定めた。かつ、議院のこれらの要求に応じない者は、法律によって罰せられることになっている。各議院は、調査の手段として、以上の3手段のほかに、議員を派遣したり（国会103）、内閣、官公署その他から報告又は記録を徴すること（国会104）ができるが、強制捜査、押収、逮捕などはできない。

　ところで、国政調査権の及ぶ範囲であるが、国政調査権は、前に述べたように、議院がその権能を、有効かつ適切に行い得るための手段として認められた補助的権能であるから、調査の及び得る範囲は、憲法によって議院又は国会に与えられた権能の範囲に限られる。しかし、国会の権能は、極めて広範であって、国政の全般に及ぶから、それに応じて国政調査権も広く各般の国政全般に及び得ることになる。他方、憲法は、三権分立制を採り、三権を分離独立させているのであるから、国政調査権の名の下に、行政権、司法権の権限を侵すことは、国政調査権の逸脱であり、許されない。したがって、現実の係属中の裁判事件に関して、裁判官の訴訟指揮などを調査したり、裁判の内容の当否を批判する調査をすることは、司法権に対する干渉となるし、また、公務員の職務上の秘密には国政調査権は及ばないと解されている。また、検察作用も行政作用であるから、一般に調査の対象となるとしても、いやしくも起訴、不起訴の判断に政治的圧力を加えることを目的とすると思われる調査は許されない。

第4節 国会の運営

第1項 国会の開閉

1 会 期

　国会は、常時開かれているわけではなく、一定の限られた期間だけ活動できる。この期間を会期という。会期が終了すれば、国会は閉会となり、活動能力を消滅する。国会は、各会期ごとに独立して活動し、会期中に議決に至らなかった案件は、後会に継続しない（国会68本文）。これを会期不継続の原則という。ただし、議院の議決で、特に付託された案件については、閉会中であっても、常任委員会、特別委員会において、引き続き審査することができる。この場合、そこで審査された案件は、後会に継続する（国会68ただし書）。会期不継続の原則は、憲法の規定によるものではなく、明治憲法以来の慣例に倣って、法律によって定められたものである。

2 常会、臨時会、特別会

　会期は、召集の原因に基づいて、次の3種に区別される。

(1) **常会**（憲52）

　国会は、予算の議決その他の事由から、毎年1回必ず召集される必要がある。毎年1回定期に召集される国会を「常会」（通常国会ともいう。）という。常会は、毎年1月中に召集されるのを常例とする。会期は150日であるが、1回に限り、延長することができる。

(2) **臨時会**（憲53）

　臨時国会とも呼ばれ、内閣が、臨時の必要があると判断したときに召集を決定できる。また、いずれかの議院の総議員の4分の1以上の要求があったとき、内閣は、その召集を決定しなければならない。さらに、衆議院議

員の任期満了による総選挙又は参議院の通常選挙が行われた場合にも召集される（国会2の3）。会期は、両院の一致で定める。

(3)　**特別会**（憲54Ⅱ）

　　衆議院が解散されて、総選挙が行われたとき、その選挙の日から30日以内に召集される国会を特別会という。特別国会ともいう。会期は、臨時会と同じ方法による。

3　召　　集

　「召集」とは、国会の会期を開始させる行為、すなわち国会の活動能力を発動させる行為をいう。召集は、常会、臨時会、特別会のすべてについて、天皇が、内閣の助言と承認によってこれを行う（憲7②、53）。召集は、各議員に対してなされる行為であるが、天皇の詔書の形式で、一般に公布される。会期の始めに開会式を行う。召集の日を開会の日とし、その日を会期の起算日とする。

4　休　　会

　国会又はその1院は、その意思に基づいて、会期中一時その活動を休止することができる。これを「休会」という。

5　衆議院の解散

(1)　衆議院の解散とは、衆議院議員の全員に対して、その任期終了前に、議員の身分を失わせることである。衆議院が解散されると、解散の日から40日以内に衆議院議員総選挙が行われ、参議院は同時に閉会となる（憲54Ⅰ、Ⅱ）。選挙後の国会（選挙の日から30日以内に召集される（憲54Ⅰ）。）において、内閣は、総辞職しなければならない（憲70）。

(2)　解散は、発生史的には、国王が議会に対して懲罰を科するという意味を持っていた。その意味で解散は立法府に対する行政府による抑制といった側面を有するが、現代においては、任期終了前の解散及びそれに引き続く

総選挙によって民意を反映させるという民主的な機能が指摘されている。

(3)　解散の決定権の所在については、憲法上明確な規定がない（7条3号は、「衆議院を解散すること」を天皇の国事行為としているが、「天皇は、……国政に関する権能を有しない」（憲4Ⅰ）とされているので、天皇に解散権はない。）。そこで解散権の主体とその根拠が問題とされてきた。学説においては、7条3号の衆議院の解散という国事行為に対する内閣の助言と承認を根拠として、又は憲法が採用する権力分立制や議院内閣制などの趣旨から、内閣に解散権があると解するのが多数である。

(4)　解散が行われる場合は69条所定の場合に限られないとするのが、通説的見解であり、実際の運用でもある（これまでの解散については、昭和23年12月、昭和28年3月、昭和55年5月及び平成5年6月の4回を除き、69条所定の場合以外に行われた解散である。）。

第2項　国会の議事手続

1　役員の選任

各議院は、各々その議長その他の役員を選任する（憲58Ⅰ）。

2　定　足　数

会議体において、議事を開き、議決をするのに必要とされる出席者数を定足数という。議事及び議決の定足数は、総議員の3分の1であり（憲56Ⅰ）、各委員会においては、その委員の過半数である（国会49）。ただ、憲法改正の発議の定足数は、総議員の3分の2以上である（憲96Ⅰ）。

3　表　決　数

表決数とは、会議体において有効な意思決定を行うため必要な賛成表決の数をいう。議事の議決は、憲法に特別の定めのある場合を除いて、出席議員の過半数により、可否が同数のときは、議長の裁決による（憲56Ⅱ）。憲法に

特別の定めがある場合とは、資格争訟裁判で議員に議席を失わせる場合（憲55）、秘密会を開く場合（憲57Ⅰただし書）、懲罰によって議員を除名する場合（憲58Ⅱただし書）、法律案について衆議院で再可決する場合（憲59Ⅱ）、前述の憲法改正の発議の議決の場合（憲96Ⅰ）の五つである。

4　一事不再議

明治憲法39条には、両議院の一つで否決した法律案は、同会期中は、再び提出できない旨の規定があったが、現行憲法には、これに相当する条文はない。かえって衆議院の再可決の条文がある。しかし、これは、衆議院の優位を認めたものである。現行憲法の下でも、一度議決した案件については、同一会期中には再びこれを審議しない原則がある。これを一事不再議という。明文はないが、当然の条理として認められている。

5　会議の公開

両議院の会議は公開とする（憲57Ⅰ）。この会議とは、本会議をいう。公開とは、傍聴の自由及び報道の自由を内容とする。ただし、前述のように、秘密会を開くことができる。この原則は、国民の代表である国会の会議を一般国民に公知させ、国民の監視と批判の下に、民意による政治を実現するものである。会議公開の原則から、両議院の会議の記録の保存、公表、頒布が要求される（憲57Ⅱ）。

6　両院協議会

両院は、別個独立に活動することを原則とするが、両院の意見が対立した場合、できるかぎり、両者の間に意見の一致の努力をさせるために、両院の議員で構成する協議会を開く。これを両院協議会という。憲法は、予算の議決（憲60）、条約の承認（憲61）、内閣総理大臣の指名（憲67）については必ず、法律案の議決（憲59Ⅲ）については任意的に、両院協議会を開くことを規定している。

第5節　国会議員の地位

1　議員の地位の得喪

議員は全国民を代表する地位にある（憲43Ⅰ）。議員は公選によりその身分を取得する（公選10参照）。議員が身分を喪失し、退任するのは、①任期満了の場合（憲45（解散の場合を含む。）、46）、②被選挙権を失ったとき（国会109）、③議員が所属する議院の許可を得て辞職したとき（国会107）、④他の議院の議員となったとき（憲48、国会108）、⑤除名されたとき（憲58Ⅱ、国会122Ⅳ）、⑥資格争訟の裁判により資格がないとされたとき（憲55条、国会111〜113）、⑦裁判所の判決により選挙又は当選が無効とされたとき（公選204以下）、⑧法律上兼職できない国又は地方公共団体の公務員となったとき（国会39）である。

2　議員の権能

(1)　発議権

議員は、その院の議題となるべき議案の発議権を持つ。ただし、予算、条約、皇室関係の財産授受の発議権は内閣にあって、議員にはない。発議には動議を含む。

(2)　質問権

議員は、内閣に対して質問することができる（国会74）。一般質問と緊急質問があり、一般質問は、文書ですることを要する。質問趣意書を議長に提出し、議長の承認を要する。内閣は、それを受け取った後、7日以内に答弁することを要する。

(3)　質疑権

議員は、現に議題となっている議案について、委員長、発議者、国務大臣に疑義をただすことができる。質疑は口頭でできる（国会71、76）。

⑷　討論及び表決権

　議題になっている議案について、賛否の討論をすることができる。本会議、委員会などで表決に加わる権能を有する。討論、表決の自由は、憲法で保障されている（憲51）。

3　議員の特権

⑴　不逮捕特権

　憲法50条は、「両議院の議員は、法律の定める場合を除いては、国会の会期中逮捕されず、会期前に逮捕された議員は、その議院の要求があれば、会期中これを釈放しなければならない」と規定する。これを不逮捕特権という。この特権の目的には、①議員の身体の自由を保障し、政府の権力によって議員の職務の遂行を妨げられないようにすることと、②議院の審議権を確保することである。これは、逮捕されない特権であって、訴追は含まれない。「逮捕」とは、憲法33条の逮捕より広く、公権力による身体の自由の拘束をいう。したがって、逮捕、勾引、勾留のみならず、警察官職務執行法の保護措置などを含む。「法律の定める場合」とは、国会法に規定されており、院外の現行犯逮捕の場合と、その院の許諾のある場合である。

⑵　免責特権

　憲法51条は、「両議院の議員は、議院で行つた演説、討論又は表決について、院外で責任を問はれない」と規定する。これを免責特権という。これは、議院で、議員が職務行為として行う発言、表決については、院外で民事上、刑事上又は公務員としての懲戒上の責任の原因とならないことを意味する。「議院」とは、本会議、委員会のみならず、「議院」の活動とみられる議事堂外の行為を含む。ただ、その発言が、院内の秩序を乱す場合は、院内の懲罰の理由となることがある。なお、所属政党から制裁を受けたり、一般国民や所属団体から、政治的あるいは倫理的責任を問われることは、別問題である。また、院内の言論を院外で公表したときは、職務行

為外の言論であるから、免責特権は認められない。

(3)　**歳費を受ける権利**

憲法49条に規定する。

第5章　内　　　閣

第1節　内閣の地位

1　行政権の帰属

　行政権という概念を積極的に定義づけることは難しい。ただ、立法権と司法権の定義は、比較的明確であるので、行政権とは、国の統治権の中から立法権と司法権に属するものを除いた残余のものの総称である、と定義づけることができる。これを消極説又は控除説という。行政権は、内閣に帰属する。しかし、行政権は、内閣のみが行使するわけではない。内閣の下に行政各部の機関が設けられ、内閣は自ら一般行政を行うとともに、行政各部を指揮監督する（憲72）。内閣は、行政権の中枢機関であり、最高機関であるが、唯一の行政機関ではない。

2　独立行政委員会

　前述のとおり、行政権は、内閣又はその指揮監督の下にある行政各部が行使することになっている。しかし、内閣から独立した機関が行政権を担当している例がある。国家公安委員会、人事院などの独立行政委員会がそれである。このような独立行政委員会の制度は、戦後の民主化の過程において、政党の圧力を受けない中立的な立場で公正な行政を確保することを目的として、アメリカの例に倣って導入されたものであり、その任務には、裁決、審決という準司法的作用、規則の制定などの準立法的作用及び人事、警察、行政審判などの行政作用が含まれる。これらの行政委員会は、内閣又は内閣総理大臣の所轄の下にあるとされながら（警4Ⅰ、国公3Ⅰ参照）、実際には内閣から独立して活動しているため、行政権は内閣に属するという憲法65条、行政権の行使について内閣が責任を負うとする66条3項等との関係で、従来

からその合憲性が論じられてきた。学説の大勢は、65条は、内閣がすべての行政について直接に指揮監督権を持つことまで要求しているわけではなく、政治的中立性や技術的専門性が特に必要とされる行政事務については、例外的に内閣の指揮監督から独立している機関が担当しても、国会のコントロールが直接に及ぶか、又は国会のコントロールにも適さない性質の事務を担当しているのであれば違憲ではない、と解している。

第2節　議院内閣制

1　議院内閣制の意義

　近代以降の諸憲法では権力分立が民主政治の根幹とされ、大統領制や議院内閣制などの統治制度が採用された。このような統治制度には、①議会と政府とを完全に分離し、政府の長たる大統領を民選とする大統領制（アメリカがその例）、②政府がもっぱら議会によって選任されて議会の意思に服し、内閣は議会の1委員会にすぎない議会統治制又は会議制（スイスがその例）、③行政権を担当する内閣の存立が議会に依存する議院内閣制（イギリスがその例）などがある。これらの制度のうち、立法権と行政権が厳格に分立され、相互の抑制、協働が少ない大統領制では、議会による不信任による大統領の辞職や議会の解散の制度は存在しない。これに対して、議院内閣制では、立法権と行政権の分立を前提としつつも、権力分立は大統領制よりも緩やかであり、内閣が議会に対して責任を負うという関係が成立する。この制度では、議会と内閣との相互の協力関係が重視され、抑制と均衡のシステムとして機能する。そして、両者の関係が破たんした場合には、議会が内閣を不信任とし得るのに対して、内閣は、総辞職や議会の解散によってそれに対処することができる。

2　日本国憲法における議院内閣制

　日本国憲法では、以下の諸規定に議院内閣制の仕組みがみられる。まず、内閣は国会に対して責任を負うとされ（憲66Ⅲ）、衆議院は内閣不信任決議権を有し、不信任によって内閣は総辞職しなければならず（憲69）、たとえ内閣が衆議院を解散しても、総選挙後の国会で内閣は総辞職しなければならない（憲70）とされており、これらの点に内閣の対議会責任の原則が示されている。さらに、内閣の形成に関して、内閣総理大臣は国会の議決で指名され（憲67Ⅰ）、内閣総理大臣及び他の国務大臣の過半数は国会議員から選ばれなければならないとされ（憲67Ⅰ、68Ⅰ）、大臣には議院出席の権利義務がある（憲63）とされている。

第3節　内閣の組織

1　内閣の組織体

　内閣は、その首長たる内閣総理人臣及びその他の国務大臣で組織する（憲66Ⅰ）。その組織の詳細は、内閣法で定める。内閣総理大臣及びその他の国務大臣は、合議体としての内閣の構成員であるが、同時に「主任の大臣」としてそれぞれ内閣府及び各省の長として行政事務を分担管理する大臣、すなわち各省大臣であるのが通例である（内閣府の長は内閣総理大臣）。しかし、行政事務を分担管理しない大臣を設けることも妨げない。無任所大臣といわれるものである。

　内閣を構成する員数は、内閣総理大臣及び14人以内（特別に必要がある場合は17人以内）の国務大臣である（内2Ⅱ）。

2　内閣構成員の資格

　憲法66条2項は、内閣総理大臣その他の国務大臣は、文民でなければならないと規定している。この規定は、文民統制（軍による政治への介入を防ぐた

めに、軍の組織、決定を政治部門のコントロールの下に置くこと）をねらいとし、その中には軍人が大臣になれないということも含まれる。ここにいう文民の意味については、憲法制定当初、①現在職業軍人ではない者、②職業軍人の経歴を持たない者、③強い軍国主義思想を持たない者、という三つの見解が唱えられた。文民の本来の意味は①説であるが、9条で軍隊を持たないとされているために①説では66条2項は無意味な規定であるとされ、②説や③説が主張された。その後自衛隊が創設され、自衛隊の合憲性の議論とは別に、自衛官を文民と考えることができるかが問題となった。この点については、現職の自衛官は文民でないとみる点では見解が一致しているが、自衛官の経歴を持つ者を文民と解するかどうかは争いがある。

　次に、68条1項は、内閣総理大臣及びその他の国務大臣の過半数は、国会議員の中から選ばれなければならないと規定する。これは、議院内閣制を徹底させるために設けられた要件である。内閣総理大臣が国会議員であることは、選出の要件であるだけでなく、在職の要件でもある。だから、国会議員の地位を失った場合は、併せて内閣総理大臣の地位も失う。しかし、国務大臣の場合は、構成員が、国会議員をもって過半数を占めるように選出されている場合、その余については、選出の要件でないし、過半数を割らない以上、在職の要件でもない。ただ、内閣全体としては、構成員の過半数を国会議員が占めることが、内閣の成立及び存続の要件である。

3　内閣総理大臣

(1)　地　　位

　内閣総理大臣は、国会議員の中から、国会の議決で指名される（憲67Ⅰ）。また、内閣の首長である。首長とは、内閣において、他の国務大臣の上位にあり、内閣の中心に位する地位にある者である。明治憲法では、他の国務大臣と対等の地位にあって、ただ官制によって内閣の首班として、内閣の統一を図り、内閣を代表する地位が認められているにすぎなかった。現行憲法では、首長たる内閣総理大臣は、内閣を主宰し、内閣を代表し、内

閣での議事議決の発言の価値は、他の国務大臣と対等の地位にあるが、国務大臣を任免する権限を有し、訴追同意権を有し、行政各部の指揮監督権を有するなど、強大な権限を有している。このように、内閣総理大臣は、首長という特別に重要な地位にあるため、内閣総理大臣が欠けたときは、内閣は、総辞職しなければならない（憲70）。

(2)　**権　　限**

　首長たる内閣総理大臣は、第1に、国務大臣の任免権を有する（憲68）。この権限は、内閣総理大臣が内閣の統一を確保するための強力な手段であって、首長としての地位の端的な表れである。なお、任命した国務大臣の中から、行政事務を分担管理する各省大臣を任命する。任免は、内閣総理大臣の専権であるから、単独に行うことができ、閣議の必要はない。第2に、国務大臣の訴追に対して、同意を与える権限を有する（憲75）。これは、内閣の統一を確保し、国務大臣が、検察機関によって不当な圧迫を受けるのを防ぐための制度であって、内閣総理大臣の権限強化の一つである。この訴追には、起訴のみならず、逮捕、勾留を含む。同意は、訴追の効力要件である。内閣総理大臣が訴追されるときは、自ら同意することになろう。第3に、内閣を代表して議案を国会に提出する権限を有する（憲72）。この議案には、法律案や予算案が含まれる。第4に、内閣を代表して行政各部を指揮監督する権限を有する（憲72）。この権限には、主任大臣間の権限についての疑義を閣議にかけて裁定し（内7）、また、行政各部の処分や命令を中止させる権限も含んでいる（内8）。第5に、法律、政令に、主任大臣として署名し、又は主任の国務大臣とともに連署する（憲74）。第6に、内閣を代表して一般国務及び外交関係について、国会に報告する（憲72）。第7に、両議院に出席して、議案について発言をする権限を有する（憲63）。

4　その他の国務大臣の権限

　内閣総理大臣以外のその他の国務大臣は、第1に、主任の国務大臣として、

法律、政令に署名する（憲74）。第2に、両議院に出席し、発言する。議席
の有る無しを問わない（憲63）。第3に、閣議に列席する（内4）。第4に、
案件のいかんを問わずに、内閣総理大臣に提出して、閣議を求めることがで
きる（内4）。

5　内閣の総辞職

　内閣総理大臣は、天皇によって任命されるが、他の国務大臣のように、一
方的に罷免されることはない。しかし、自己の意思に基づいて辞職すること
はできるし、辞職しなければならないことがある。内閣総理大臣の辞職は、
単独ではなく、常に内閣の総辞職を伴う。その場合の第1は、衆議院で内閣
不信任決議案が可決又は信任決議案が否決され、10日以内に衆議院が解散さ
れない場合である（憲69）。第2は、衆議院議員総選挙後に初めて新国会が
召集された場合である（憲70）。第3は、内閣総理大臣が欠けた場合（憲70）
で、死亡、資格の喪失、除名、辞職によって内閣総理大臣が欠けたときは、
内閣は、総辞職しなければならない。

第4節　内閣の権能

1　内閣の権能

　内閣は、行政権の中枢として、広範な行政権を有する。憲法上、内閣に与
えられている権能には、①憲法73条各号掲記の事務、②憲法73条にいう「他
の一般行政事務」、③憲法の他の条文に掲げられる特別の事務の3種がある。

2　73条の一般行政事務

⑴　法律の誠実執行と国務の総理（憲73①）

　　法律を執行するとは、行政が法律に基づき、法律によって行われるもの
であって、法治国家の行政の本質である。「誠実に」というのは、内閣が、

国権の最高機関であり唯一の立法機関である国会の制定した法律の執行を拒否できないことを意味する。内閣には、法律の内容を違憲であると判断しても、その法律の誠実な執行を拒むことはできない。法律の執行といっても、このことは、司法権の作用と大いに異なるところである。「国務を総理する」とは、国会や裁判所など内閣から独立している機関についても、指揮監督するという意味ではなく、行政権の最高の機関として、行政事務を統轄し、行政各部を指揮監督することを意味する。

(2)　外交関係の処理（憲73②）

　外交事務は、行政事務の一部であるが、いわゆる内政事務と区別して、特に内閣の権能に属することを明記した。日常普通の外交事務は、主任の外務大臣に管理させるが、重要な「外交関係の処理」は、内閣の所管として処理する。外交使節の任免、信任状その他の外交文書の作成、外国からの外交文書の受理等は、内閣が行う。

(3)　条約の締結（憲73③）

　外交事務のうち、条約の締結は、特に重要であるから、2号とは別に規定されている。条約の締結は、行政権に属するが、事前又は事後に、国会の承認を経なければならない（憲61）。「条約」とは、形式的な意味ではなく、協約、協定、取決め、決定書、議定書、宣言、覚書、交換通牒等、その名称のいかんを問わず、国家間の文書による合意であれば、すべて含まれる。ただ、外交関係の処理に当然含まれるところの、日常的、事務的な文書や既存の条約の実施細目を定めた文書は含まれず、したがって、国会の承認を要しない。最高裁は、日米安保条約3条に基づく行政協定は、同条約による委任の範囲を超えていないから、特に国会の承認を経なかったからといって違憲無効ではないと判示している（最判昭34.12.16刑集13-13-3225）。「締結する」とは、条約を成立させるために必要な一連の行為を総称する。条約の締結は、通常は、交渉、署名、批准、批准書の交換又は寄託という手続を踏んで行われる。ただし、署名だけで条約が確定する場合もある。批准とは、当事国の国内法上、条約を締結する権限を持つ

機関が、特定の条約に拘束される意思を最終的に決定する行為であるが、現行憲法では、批准書の認証を、天皇が国事行為として行う。「事前、事後の承認」とは、批准を要する場合は批准のとき、署名だけの場合は、署名のときを基準として、その前後を区別する。

(4)　**官吏に関する事務の掌握**（憲73④）

　ここで「官吏」とは、内閣が事務を掌握する公務員のことであるから、主として国の行政部の職員をいう。

(5)　**予算の作成及び提出**（憲73⑤）

　予算の作成及び提出の権限は、内閣の専権である。予算については後述（122ページ以下）する。

(6)　**政令の制定**（憲73⑥）

　この憲法及び法律の規定を実施するため、政令を制定する。政令は、内閣の命令である。政令は、内閣が制定して、天皇が公布する。政令は、憲法及び法律の規定を実施するために必要な細則的又は手続的な事項に限られる。政令には、法律の委任がなければ義務を課し、又は権利を制限する規定を設けることはできない（内11）。法律の委任があれば、罰則を設けることができる。政令は、法律より下位であるが、内閣府令、省令より上位の形式的効力を有する。内閣府令、省令は、法律又は政令の特別委任に基づいて、内閣府又は各省が制定する命令である。これらの内閣府令、省令にも、法律の委任がなければ、罰則を設けたり、義務を課し、権利を制限する規定を設けることはできない（内閣府7Ⅳ、行組12Ⅲ）。なお、各委員会及び各庁の長は、法律の定めるところにより、政令、内閣府令、省令以外の規則又は特別の命令を発することができる（行組13）。公正取引委員会規則、会計検査院規則、人事院規則などがその例である。

(7)　**恩赦の決定**（憲73⑦）

　恩赦とは、大赦、特赦、減刑、刑の執行の免除及び復権の総称である。大赦とは、罪の種類を定めて行われる一般的な赦免をいう。有罪判決言渡しの効力の失効及び公訴権の消滅である。特赦とは、特定人に対する赦免で、

有罪判決言渡しの効力の失効である。減刑とは、有罪判決言渡しのあった者につき、罪又は刑を定めて、刑を軽減する場合と、特定人につき、刑の軽減又は刑の執行を軽減する場合がある。刑の執行の免除とは、特定人に対して、有罪判決の効力はそのままにして、執行のみを免除する場合である。復権とは、有罪判決により、一定の資格を喪失し、又は停止された者に対して、それらを回復させる一般的復権と、特定人に対する復権とがある。

3　憲法73条以外の憲法上の事務

(1)　天皇の国事行為に対する助言と承認（憲3）。

(2)　最高裁判所の長たる裁判官を指名すること（憲6Ⅱ）。

(3)　最高裁判所の長たる裁判官以外の裁判官及び下級裁判所の裁判官を任命すること（憲79Ⅰ、80Ⅰ）。

(4)　参議院の緊急集会を求めること（憲54Ⅱただし書）。

(5)　予備費を支出すること（憲87）。

(6)　決算を国会に提出すること（憲90Ⅰ）。

(7)　国会及び国民に財政状況を報告すること（憲91）。

第5節　内閣の責任

1　責任の範囲

　憲法66条3項は、「内閣は、行政権の行使について、国会に対して連帯して責任を負ふ」と規定し、内閣の国会に対する責任を明確にしている。ここにいう「行政権」とは、憲法に定める権能の全部に及ぶと解される。その権能の範囲は、第4節で述べたとおりである。天皇の国事行為についての内閣の助言と承認についても及ぶが、これは天皇に代わって責任を負うのではなく、助言と承認という内閣自体の行為についての責任を負うものである。

2　責任の相手方

　　内閣は、国会に対して責任を負うが、この場合の国会は、両議院から構成されていることを前提にしている。したがって、各議院はそれぞれ内閣の責任を問うことができる。国会がその責任を問う方法は、質疑、質問、国政調査等によるが、最も強力にして大なるものは、衆議院による内閣不信任の決議である。

3　責任の性質

　　内閣の責任は、責任を問われるべき行為の要件と責任の内容があらかじめ明確に定まっているわけではないので、法的責任ではなく政治的責任であるととらえるのが通説である。衆議院の不信任決議（憲69）が可決された場合は法的効果が生じるが、その場合でも、不信任決議は内閣の政治姿勢全般を理由にして行うことができ、責任の原因が違法行為に限定されているわけではないので、政治的責任というべきである。

4　責任の内容

　　内閣は「連帯して」責任を負う。内閣は、内閣総理大臣の下に一体となって政治を行う原則に立つのであるから、その責任も一体として負うのである。しかし、このことは、各国務大臣が個別に責任を負うことを否定する趣旨ではない。

第６章　裁　判　所

第１節　司法権と裁判所

第１項　司　法　権

1　司法権の意義

(1)　憲法76条１項は、「すべて司法権は、最高裁判所及び法律の定めるところにより設置する下級裁判所に属する」と定める。明治憲法では、「司法権ハ天皇ノ名ニ於テ法律ニ依リ裁判所之ヲ行フ」（明憲57Ⅰ）と定められていたが、日本国憲法では司法権は裁判所に属するとされたのである。

　司法権とは、具体的な争訟について、法を適用し宣言することによって、これを裁定する国家の作用である。この司法権の概念の構成要素としては、①「具体的な訴訟」の存在、②適正手続の要請等にのっとった特別の手続に従うこと、③独立して裁判がなされること、④正しい法の適用を保障する作用であること、が挙げられている。このうち司法権の概念の中核をなすとされているのが、「具体的な訴訟」という要素である。裁判所法３条１項の「一切の法律上の訴訟」もこれと同じ意味である。「法律上の訴訟」について、判例は、①当事者間の具体的な権利義務又は法律関係の存否（刑罰権の存否を含む。）に関する紛争であって、かつ、②法令を適用することにより終局的に解決できるものであるという２要件を指摘している（最判昭29.2.11民集8-2-419、最判昭56.4.7民集35-5-443等）。

　なお、最高裁は、警察予備隊事件において「わが裁判所が現行の制度上与えられているのは司法権を行う権限であり、そして司法権が発動するためには具体的な争訟事件が提起されることを要する。わが現行の制度の下においては、特定の者の具体的な法律関係につき紛争の存する場合におい

てのみ、裁判所にその判断を求めることができる」と判示し（最判昭27.10.8民集6-9-783）、教育勅語が違憲でないことの確認を求めた事件について「上告人の具体的な権利義務ないし法律関係の存否に関する紛争の存在を認めることができない」と判示し（最判昭28.11.17行集4-11-2760）、さらに技術士国家試験の合否判定事件において、「法令の適用によって解決するに適さない単なる政治的または経済的問題や技術上または学術上に関する争いは、裁判所の裁判を受けるべき事柄ではない」と判示している（最判昭41.2.8民集20-2-196）。

(2)　司法権の範囲に属するものとして、民事及び刑事の裁判権のあることは周知のことであるが、明治憲法では、行政官庁の違法処分によって権利を侵害されたとする訴訟、いわゆる行政事件については、司法裁判所の権限とせずに、行政部に属する行政裁判所の権限として、司法権の範囲に属せしめなかった（明憲61）。しかし、日本国憲法では、この行政事件についての裁判権も、司法権の範囲に属せしめ、裁判所の管轄とした。裁判所法3条1項は、「裁判所は、日本国憲法に特別の定のある場合を除いて一切の法律上の争訟を裁判」すると規定し、そのことを明確にしている。したがって、司法権とは、民事、刑事、行政各事件に対する裁判所の裁判権を意味する。この行政事件に対する裁判権が、司法権の一部として裁判所の管轄するところとなり、特別裁判所の設置を禁止（憲76Ⅱ）したことは、後述する違憲法令審査権とともに、日本国憲法における司法権の2大特徴である。これは、管轄が拡大されたことのみではなく、行政各部の行政処分に対する司法権の抑制を意味する。

2　司法権の帰属

(1)　憲法76条1項は、「すべて司法権は、最高裁判所及び法律の定めるところにより設置する下級裁判所に属する」と規定する。すべての司法権とは、前述した民事、刑事、行政の各事件に対する裁判権をいう。ただし、憲法に特別の規定のある国会議員の資格争訟の裁判は両議院に（憲55）、裁判

官の弾劾裁判の裁判権は、両院議員で構成する弾劾裁判所に属する（憲64）。
これは、憲法による例外である。

(2)　特別裁判所の禁止

　　憲法76条２項前段は、特別裁判所の設置を禁止した。これは、すべての
国民に平等かつ公正に裁判を保障するものであって、裁判所に司法権を統
一的に帰属せしめる担保である。特別裁判所とは、特定の地域、身分、事
件等に関して、通常の裁判所の系列から独立した裁判所のことであり、し
たがって、明治憲法下の軍法会議のようなものを設置することはできない。

(3)　行政機関による終審裁判の禁止

　　憲法76条２項後段は、行政機関が終審として裁判することを禁止した。
特別裁判所の禁止とともに、裁判所でない行政機関が終審として裁判する
ことも禁止される。「終審」とはその裁判に対して上訴の方法がない最終
の審判をいう。このことも、司法権を統一し、平等公正な裁判を保障せん
とするものである。しかし、実際において、その専門的な見地や、速やか
に事件を裁定する必要などの理由から、行政機関が、準司法的な手続によっ
て事件を審判することは、前審として認められる。例えば、行政不服審査
請求に対する審判庁の裁決（行審40、51）、国税不服審判所の裁決（税通98）、
高等海難審判庁の裁決（海難審判51）、特許関係に関する審判請求に対する
審判官の審決（特許157）、公正取引委員会の審決（独禁54）等が、その例で
ある。しかし、これらはあくまで、前審であって、審判を紛争の終局的判
断として確定することはできず、審決等に不服がある場合は、必ず裁判所
に出訴する道が認められているので、違憲の問題は生じない。

3　司法権の限界

　　前述のとおり、裁判所は、「一切の法律上の争訟を裁判」する（裁３Ⅰ）が、
この原則にはいくつかの例外があるとされている。この点については、従来、
司法権の限界の問題として論じられてきた。この限界の問題は、特に裁判所
の違憲審査権の限界として重要な意味を持っている。

(1)　**憲法の明文上の例外**

　　憲法上、明文により司法作用が他の国家機関にゆだねられている場合と
して、前述した議員の資格争訟の裁判（憲55）と裁判官の弾劾裁判（憲64）
がある。

(2)　**国際法上の例外**

　　国際法上、外交使節については司法権は及ばないとされている。

(3)　**国会、内閣の自律権**

　　他の国家機関の自律権に属する事項には、司法権は及ばない。議院の自
律権に関して、除名も含めて議員の懲罰については、司法審査は及ばない
とするのが通説である。また、議院内部の議事手続について、判例（最判
昭37.3.7民集16-3-445）は司法審査は及ばないと解している。内閣の閣議の
あり方も、内閣の自律権に属するので、司法審査は及ばないと解されてい
る。

(4)　**自由裁量**

　　行政機関や立法機関の自由裁量にゆだねられている行為には、司法審査
が及ばないとされている。行政機関の行う処分が裁量権の範囲内で行われ
ているかぎり、その当、不当が問題となるとしても、適法か違法かは問題
とならないから、一般には司法審査は及ばないとされている。ただし、行
政庁がその裁量権を濫用したり、その範囲を逸脱したりしたときには、司
法審査が及ぶ（行訴30）。また、立法に関して憲法上立法機関にゆだねられ
た判断の自由を立法裁量といい、その範囲内にある事項について司法審査
は及ばないと解される。立法裁量については、社会経済政策立法、社会保
障立法、選挙関連立法等で問題となっている。

(5)　**統治行為**

　　統治行為とは、一般に、直接国家統治の基本に関する高度に政治性のあ
る国家行為で、法律上の争訟として裁判所による法律的な判断が理論的に
は可能であるのに、事柄の性質上、司法審査の対象から除外される行為を
いう。統治行為を認めるかどうかについては、学説上争いがある。否定説

は、法治主義の原則と司法審査の貫徹が憲法の要請であると解して統治行為の観念を否定する。他方、肯定説としては、①統治行為に対して司法審査を行うことによる混乱を回避するために裁判所が自制すべきであるとする見解（自制説）と、②国民によって選挙されておらず直接責任を負っていない裁判所は、高度の政治的行為の当否について審査することはできず、その判断は国会、内閣にゆだねられているとする見解（内在的制約説）とがある。統治行為に属する事項として、これまで国家の承認、条約の締結など外交上の問題に関する重要事項、国会内部の議事手続、議院における議員の懲罰、閣議による決定などの国会や内閣の基本的な組織、運営に関する事項、衆議院の解散などの国会と内閣との相互関係に関する事項などが挙げられてきた。最高裁は、衆議院の解散の効力が争われた苫米地事件の判決において、「直接国家統治の基本に関する高度に政治性のある国家行為のごときはたとえそれが法律上の争訟となり、これに対する有効無効の判断が法律上可能である場合であっても、かかる国家行為は裁判所の審査権の外にあり、その判断は主権者たる国民に対して政治的責任を負うところの政府、国会等の政治部門の判断に委され、最終的には国民の政治判断に委ねられているものと解すべきである。この司法権に対する制約は、結局、三権分立の原理に由来し、当該国家行為の高度の政治性、裁判所の司法機関としての性格、裁判に必然的に随伴する手続上の制約等にかんがみ、特定の明文による規定はないけれども、司法権の憲法上の本質に内在する制約と理解すべきである」と判示した（最判昭35.6.8民集14-7-1206）。

(6)　**団体の内部事項に関する行為**

　　地方議会、大学、宗教団体、労働組合、弁護士会、政党などの団体の内部紛争に対して、司法審査が及ぶかどうかもしばしば問題となる。法律上の争訟であれば、司法審査に服するのが原則であるが、純粋に内部的な事項の場合には、それぞれの団体の自治を尊重して、司法審査を控えるべき場合が生じるとされている。この点については、自律的な法規範をもつ社会や団体内部の紛争については、その内部規律にとどまるかぎりその自治

的措置に任せ、それについては裁判所の司法審査が及ばないとする見解（部分社会論又は部分社会の法理）がある。これに対しては、それぞれの団体の性質、目的、機能、紛争の性格はもとより、その自律性、自主性を支える憲法上の根拠も、宗教団体（憲20）、大学（憲23）、政党（憲21）、労働組合（憲28）、地方議会（憲93）でそれぞれ異なるので、その相違に応じた個別的具体的な検討がなされるべきである、との批判もある。

　最高裁は、国立大学の単位不認定処分が争われた事件で、「大学は、国公立であると私立であるとを問わず、……一般市民社会とは異なる特殊な部分社会を形成しているのであるから、このような特殊な部分社会である大学における法律上の係争のすべてが当然に裁判所の司法審査の対象になるものではな」いとして、「単位授与（認定）行為は、他にそれが一般市民法秩序と直接の関係を有するものであることを肯認するに足りる特段の事情のない限り、純然たる大学内部の問題として大学の自主的、自律的な判断に委ねられるべきものであって、裁判所の司法審査の対象にはならない」と判示した（最判昭52.3.15民集31-2-234）。他方、地方議会議員に対する議会への出席停止の懲罰議決の効力が争われた事件では、最高裁は、当初、「自律的な法規範をもつ社会ないし団体に在っては、当該規範の実現を内部規律の問題として自治的措置に任せ、必ずしも、裁判にまつを適当としないものがあ」り、「本件における出席停止の如き懲罰はまさにそれに該当する」と判示したが（最判昭35.10.19民集14-12-2633）、その後、判例を変更し、「出席停止の懲罰を科された議員がその取消しを求める訴えは、…その性質上、法令の適用によって終局的に解決し得るものというべき」であるとした上で、「議会の運営に関する事項については、議事機関としての自主的かつ円滑な運営を確保すべく、その性質上、議会の自律的な検討が尊重されるべき」としつつ、「出席停止の懲罰……が科されると、当該議員はその期間、会議及び委員会への出席が停止され、議事に参与して議決に加わるなどの議員としての中核的な活動をすることができず、住民の負託を受けた議員としての責務を十分に果たすことができなくなる」

として、出席停止の懲罰は、「議会に一定の裁量が認められるべきである
ものの、裁判所は、常にその適否を判断することができ」、「司法審査の対
象となる」と判示した（最判令2.11.25民集74-8-2229）。

第2項　裁　判　所

1　組　　織

　前に述べたように、司法権は、最高裁判所及び下級裁判所に属する。裁判
所の構成は、最高裁判所、高等裁判所、地方裁判所、家庭裁判所、簡易裁判
所があり、その職員の構成、権能、運営の方法については、裁判所法に規定
されている。

2　最高裁判所規則

　憲法77条1項は、「最高裁判所は、訴訟に関する手続、弁護士、裁判所の
内部規律及び司法事務処理に関する事項について、規則を定める権限を有す
る」と規定する。これは、司法権の内部の諸事項について、最高裁判所に自
主立法権を認め、司法部の自主性を徹底し、他の二権、特に立法部の干渉を
排除するためと、一方において、裁判の手続的、技術的、細目的な事項につ
いては、裁判所自体の専門的知識と実務的経験とを尊重すべきものとしたか
らである。したがって、これは、憲法上認められた国会の立法権に対する例
外である。ただし、もしある事項について、法律と規則とが抵触する場合は、
国会が唯一の立法機関であることを尊重し、法律の方が優越すると解される。
　代表的なものとしては、民事訴訟規則、刑事訴訟規則、民事執行規則、家
事審判規則、少年審判規則等がある。なお、本条の規則の規定事項以外の事
項でも、法律の委任がある場合は規則を制定することができる。例えば裁判
所法9条2項の委任に基づく最高裁判所裁判事務処理規則2条1項の小法廷
の裁判官の員数などがそれである。

第2節　司法権の独立

1　司法権の独立の意義

(1)　司法権の独立とは、行政権等の他の国家権力から司法権自体が独立し、また、裁判官が担当する個々の具体的事件について裁判するに当たって、裁判所外部の国家機関や政治的、社会的勢力のみならず、裁判所内部からも指示命令を受けないばかりでなく、重大な影響を受けないという原則である。このように、司法権の独立には、①立法権、行政権からの司法権の独立（広義の司法権の独立）と、②裁判官の職権の独立（狭義の司法権の独立）という二つの意味がある。

(2)　憲法76条3項が、「すべて裁判官は、その良心に従ひ独立してその職権を行ひ、この憲法及び法律にのみ拘束される」と規定しているのは、この裁判官の職権の独立を示すものである。この「良心」とは、裁判官個人の主観的な政治的、宗教的、道徳的、思想的信念や人生観、世界観などではなく、法の客観的意味をいい、いわゆる「裁判官としての良心」を意味する。「独立して」とは、前に述べたように他の指示命令を受けずに自己の自主的な判断に基づいて、という意味である。「憲法及び法律」という場合の「法律」とは、形式的な意味の法律だけではなく、法的規範、すなわち命令、規則、条例、慣習法を含む。

2　裁判官の身分の保障

裁判官の職権の独立は、裁判官の身分が保障されることによって全うされる。すなわち、裁判官の身分が、国会、内閣、政党その他の政治的、社会的勢力、更に裁判所内部からも不当に左右されないことを保障するのでなければ、裁判官の職権の独立は、維持しにくいものとなる。78条は、心身の故障のために職務を執ることができないと裁判されたとき及び公の弾劾によって罷免されるときを除いて、その身分の保障されることを規定している。前者

は、裁判官分限法によって定められ、裁判所の管轄に属し、後者は、裁判官
弾劾法に定められ、弾劾裁判所の管轄に属する。また、裁判官に対する懲戒
処分も、行政機関は、関与することができない（憲78条）。懲戒の種類は、戒
告及び過料のみである。

　以上のほか、裁判官の定年制（憲79V、80Ⅰ）、下級裁判所の裁判官の任期
制（憲80Ⅰ）、裁判官の報酬の保障（憲79Ⅵ、80Ⅱ）の各規定も、広い意味の
裁判官の身分の保障である。

第3節　裁判の公開

　憲法82条1項は、「裁判の対審及び判決は、公開法廷でこれを行ふ」と規定
している。裁判の公開は、裁判の公正を保ち、裁判に対する国民の信用を得る
ために、近代国家における司法権の一要素とされているものである。
　「対審」とは、裁判官の面前で行われる事件の審理及び弁論をいい、民事訴
訟における口頭弁論手続及び刑事訴訟における公判手続が、これに当たる。し
たがって、口頭弁論を開かない決定手続、法廷外の証拠調手続、非訟事件手続、
少年及び家事審判手続、審尋手続などは対審に当たらないから、公開しなくて
もよい。「判決」とは、民事訴訟及び刑事訴訟における判決をいう。決定、命令、
審判、和解、調停を含まない。「公開」とは、一般の傍聴を許すことである。
ただし、法廷の設備などの関係から、傍聴人の数を制限し、又は法廷の秩序を
維持するための必要から、特定の者の退廷を命じたり、入廷を禁止したりする
ことは、公開の原則に反するものではない。
　公開の原則に対する例外として、公の秩序又は善良の風俗を害するおそれが
あると裁判官の全員一致で決定したときは、公開をしないで、対審を行うこと
ができる（憲82Ⅱ）。しかし、政治犯罪又は憲法第3章が保障する国民の権利が
問題になっている事件の対審については、いかなる場合も公開しなければなら
ない。

第4節　違憲法令審査権

1　違憲法令審査権の意義

　憲法81条は、「最高裁判所は、一切の法律、命令、規則又は処分が憲法に適合するかしないかを決定する権限を有する終審裁判所である」と規定する。これを違憲法令審査権という。その対象は、法律、命令のみならず地方公共団体の条例や行政庁の行政処分にも及ぶ。これは、司法権の帰属する裁判所に、立法権、行政権の国家行為の合憲性を審査する権限を与えたものである。このように、国家行為に対する司法審査制が認められる理由として、第1に、憲法の最高法規性に照らし、それに反する国家行為は、当然無効とされるべきであるという法理論的理由、第2に、権力分立の原則に基づき、憲法の解釈適用につき、立法部や行政部に対し、司法部の自主独立性を認めようとする政治的、制度的理由、第3に、これによって他の国家機関、特に立法部の専横から、憲法の保障する国民の基本権を守り、裁判所を「憲法の番人」にしようとする実際的理由、の3点が挙げられる。すなわち、立法権を有する国会は、その国会の制定する法律が合憲であるかどうかを、自ら決定する権限を有せず、裁判所の判断に服さなければならない。このことは、国会はいかなる場合も、違憲の法律を制定することは許されないことを意味し、かつ、憲法の最高法規性を司法権が保障することを意味する。

2　違憲法令審査権の性格

(1)　この審査権は、最高裁判所のみならず、下級裁判所も有する。ただし、違憲問題は、最高裁判所が終審裁判所でなければならないから、下級裁判所で違憲問題が争われるときは、必ず最高裁判所の判断を求める道が開かれていなければならない。もっとも、下級裁判所の違憲の判断に対して不服申立てをするかどうかは、当事者であって、職権によるものではない。

(2)　違憲審査制には大きく分けて二つの類型がある。一つはアメリカに代表

される付随的違憲審査制で、通常の裁判所が具体的な訴訟事件を審判する前提として、適用される法令の合憲性を審査する型である。もう一つは、ドイツに代表される抽象的違憲審査制で、特別の憲法裁判所が具体的な事件とかかわりなく法令の合憲性を審査する型である。日本国憲法については、①81条の違憲審査権は76条の「司法権」の範囲内で、「事件性」の要件の下でなされるべきであること、②抽象的違憲審査権が認められるためには、憲法上の明文の根拠、違憲審査手続及び判決の効力などについて憲法上明記されている必要があること、③日本国憲法の由来するアメリカの憲法では付随的違憲審査制がとられていること、などから、付随的違憲審査制を採用したと解されている。最高裁は、前記（109ページ）の警察予備隊事件において、「わが現行の制度の下においては、特定の者の具体的な法律関係につき紛争の存する場合においてのみ裁判所にその判断を求めることができるのであり、裁判所がかような具体的事件を離れて抽象的に法律命令等の合憲性を判断する権限を有するとの見解には、憲法上及び法令上何等の根拠も存しない」と判示した。

3　違憲判決の効力

　裁判所が、法令を違憲であると判断した場合、その判決、決定の効力については、3説ある。その1は、ある法律が違憲であると判断された場合、その法律は、当然に、確定的に効力を失うものではなく、その法律は、その訴訟事件に関するかぎり、裁判所によって適用されないだけであって、法律としての効力は有すると説く。これを個別的効力説と称する。その2は、違憲判断がなされた場合は、その法律は、客観的にその効力を失うと説く。これを一般的効力説と称する。その3は、第1説か第2説かに決められるものではなく、いずれの効力を認めるかは法律にゆだねられていると説く。第1説が通説である。その根拠としては、①付随的違憲審査制の下では、合憲性審査は当該事件の解決のために行われるから、違憲判決の効力もその事件にのみ及ぶと解するのが妥当であること、②違憲判決で一般的効力を認めると、

それは一種の消極的立法作用となり、立法権を侵害することになることが挙げられている。ただし、ある具体的事件に対する裁判において、ある法律について最高裁が違憲の判断をした場合、その判断は、その法律が違憲であることの判例となり、同種の事件については、再び同様な判断がなされることが多いであろうから、実質的には一般的効力を有するといえる。

第7章 財 政

第1節 財政処理の基本原則

　憲法83条は、「国の財政を処理する権限は、国会の議決に基いて、これを行使しなければならない」と規定している。明治憲法は、第6章会計（明憲62〜72）を設け、国家の会計に関し、他の諸規定に比較して比較的詳細に規定していたが、国家の財政上の立憲主義の原則についての一般的規定は欠けており、財政に関する帝国議会の権限は、「協賛」にとどまり、それも例外と制限があって、極めて制限されていた。帝国議会は、国家の財政行為については、政府の従属的な地位に置かれていたといえる。しかし、現行憲法においては、明治憲法における財政制度の原則が根本的に改められ、83条で国の財政処理権限を国会のコントロールの下に置く財政民主主義を採ることを明らかにし、国会中心の財政制度が確立された。

　「財政を処理する権限」には、租税の賦課徴収のように、国民に命令し強制する作用である財政権力作用を行う上で認められる権限のみならず、国費の支出や国有財産の管理などの財政管理作用も含まれる。これらの権限は、国会の議決する基準によってのみ行使されなければならない。この議決は、一般的、抽象的に、例えば、税法その他財政上のいろいろな主義、方針を定める法律を制定する形でなされる場合もあり、個別的、具体的に、例えば、国庫債務負担行為に対し、各事項ごとに議決する形でされる場合もある。いずれにしても、これらの議決を得なければならないことにより、国の財政処理は、すべて国会の統制に服することになり、明治憲法の下にあったような前年度予算施行主義、緊急財政処分、大権に基づく既定費支出、法律上の政府義務支出費、皇室経常費支出等の例外は認められなくなった。

第2節　財政処理に関する国会の権限

第1項　租税法律主義

　憲法84条は、「あらたに租税を課し、又は現行の租税を変更するには、法律又は法律の定める条件によることを必要とする」と規定している。租税とは、国又は地方公共団体が、その経費に充てるために、国民から無償で強制的に徴収する金銭をいう。租税を納めることが、国民の義務であることは、憲法30条に規定されているが、その納めるべき租税については、国民に直接の経済的負担を負わせるものであるから、国会の議決を経るべき法律によって定めることを明らかにした。これを租税法律主義という。この「租税を課し」というのは、租税を賦課する行為の段階を指すのではなく、新たに租税の制度を設けることを意味する。

　なお、租税については、毎年国会の議決を要するとするいわゆる一年税主義と、一度国会の議決を経れば、これを変更する場合のほか、改めて国会の議決を経ずに毎年賦課徴収することができるという永久税主義とがある。我が国は、明治憲法以来永久税主義を採っており、憲法84条はこれを許容していると解される。

第2項　予　　　算

1　予算の意義

　憲法86条は、「内閣は、毎会計年度の予算を作成し、国会に提出して、その審議を受け議決を経なければならない」と規定している。この予算とは、1会計年度における、国の財政行為の準則、主として歳入歳出の予定準則を内容とし（実質的意味の予算）、国会の議決を経て定立される国法の一形式（形

式的意味の予算）をいう。

2　予算の審議

(1)　予算は、内閣がこれを作成して、国会に提出する（憲73⑤、86）。発案権が内閣にのみ属する点は、法律と異なる。

(2)　予算は、先に衆議院に提出されなければならない（憲60Ⅰ）。これを衆議院の予算先議権という。衆議院で先議してから参議院に送付される。いずれの議院でも、予算は、予算委員会に付託され、その審査を経て本会議に付される（国会56Ⅱ）。予算は、両議院で可決したとき成立する。しかし、参議院で衆議院と異なった議決をした場合は、両院協議会を開き、そこでも意見の一致をみないとき、又は参議院が衆議院の可決した予算を受け取った後、国会休会中の期間を除いて30日以内に議決しないときは、衆議院の議決を国会の議決とする（憲60Ⅱ）。予算審議における衆議院の優越である。

(3)　予算に対して、国会がどの程度の修正権を持つかは問題であるが、修正には、減額と増額とがある。明治憲法の下では、減額修正は、既定費、法律費、義務費については、政府の同意なくしてはできず、増額修正は、議員に予算の発議権のないことを理由に、全く行い得ないとされていた。しかし、現行憲法の下では、83条の国会中心の財政主義からいって、減額修正権はもちろん、増額修正権もあると解される（国会57の3）。財政法19条及び国家公務員法13条4項は、国会が増額修正する場合を予想した規定である。しかし、国会の予算修正権の範囲については、内閣の予算作成、提出の権限そのものを否定する程度に至る大修正を加えることはできないと解するか、そのような限界はないと解するか、見解が分かれている。なお、予算の増額修正は、議員の発案に当たって濫用されるおそれがあるので、国会法は、予算修正の動議を議題とするには、衆議院では議員50人以上、参議院では議員20人以上の賛成を要するとし（国会57の2）、予算総額の増額修正については、内閣に意見を述べる機会を与えなければならない（国

会57の3）としている。

(4)　①予算は成立したのに、その支出を命じる法律が制定されないとか、②法律は制定されたのに、その執行に必要な予算が成立しない場合を、予算と法律の不一致という。国会法は、このような不一致を回避するために規定を設けているが（国会56～57の3）、法律と予算の提出権者の相違や議決の手続と要件の相違から、不一致を完全に防止することはできない。このような場合、①のケースにおいては、内閣は法律案を国会に提出し、国会の議決を求めることになるが、国会に法律を制定する義務はない。これに対し、②のケースにおいては、法律を誠実に執行する義務を負う（憲73①）内閣は、補正予算（財29）や予備費支出（憲87、財35）等の措置を講ずることになろう。

3　予算の効力

(1)　予算は1年制を採り、1会計年度ごとに作成し、毎年国会の審議を受け、議決を受けなければならない。予算は原則として、1会計年度の間のみ通用する。これを、年度区分の原則という。長期にわたる財政経済の見通しは、予測が困難であり、また、予算の有効期間を長くすることは、弊害を生じやすいからである。会計年度は、毎年4月1日に始まり、翌年3月31日に終わる（財11）。各会計年度における経費は、その年度の歳入で支弁することを要する（財12）。これを、年度独立の原則という。

(2)　ただし、例外として、特定の事業につき、2年度以上にわたって支出される費用がある。これを継続費という（財14の2）。明治憲法には規定があったが（明憲68）、現行憲法には規定がなく、財政法も昭和27年度から認めるようになった。これは、工事、製造その他の事業で、その完成に数年を要する場合、国は特に必要があるときは、経費の総額及び年割額を定め、あらかじめ国会の議決を経て、数年度にわたって支出することができる。ただし、5年以内とする。

(3)　また、歳出予算の経費のうち、その性質上、又は予算の成立後の事由に

基づき、年度内にその支出が終わらない見込みのあるものについては、あらかじめ国会の議決を経て、翌年度に繰り越して使用することができる。これを繰越明許費という（財14の３）。

4　暫定予算

予算が会計年度開始の４月１日までに成立しない場合、明治憲法は、前年度予算施行主義を採っていたが、新憲法は、このような国会の予算議決権を無視するような制度は認めない。ただし、予算不成立が生じる場合のあることに備えて、財政法30条は、「内閣は、必要に応じて、１会計年度のうちの一定期間に係る暫定予算を作成し、これを国会に提出することができる」とし、「暫定予算は、当該年度の予算が成立したときは、失効する」と規定している。

第３項　国費の支出と債務負担行為

1　国費の支出

憲法85条前段は、国費を支出するには、国会の議決を要することを規定している。国費の支出とは、国の各般の需要を満たすための現金の支払である（財２Ⅰ）。国は、例えば、各種の行政機関を設け、公務員を任命したり、各種の産業、事業を助成したりするのに伴い、国費を支出する義務を負う。これらの義務は、別に法律によって定められるが、それに伴う支出については、別に国会の承認を要する。この国会の承認は、新たに政府に特定の権能を与えたり、義務を課したりするものではなく、政府のする行為自体は法律によって認められていても、国会の承認がなければ、それに伴う支出ができないことを意味する。国費の支出に対する国会の議決は、予算の形式によってなされる（憲86）。財政法14条が、「歳入歳出は、すべて、これを予算に編入しなければならない」（予算総計主義）と規定しているのは、この国費の支出も含む意味である。

2　国の債務負担行為

　憲法85条後段は、「国が債務を負担するには、国会の議決に基くことを必要とする」と規定している。国の債務負担行為は、公債の発行、借入金及びその他の場合がある。その他の場合とは、外国人雇用契約、各種の補助契約、土地建物賃貸借契約などをいう。これらの場合の国会の議決とは、法律による場合（例えば、公債）、予算による場合（例えば、借入金）、特別の議決による場合（その他の場合）とがある。

第4項　予　備　費

　憲法87条は、予見し難い予算の不足に充てるために、国会の議決に基づいて予備費を設け、内閣の責任においてこれを支出することができ、その支出については、事後に国会の承認を得なければならない旨を規定している。憲法85条の国費の支出に対する国会の議決は、使途や内容の確定した支出に対する事前の承諾であるが、実際の支出に当たっては、予算の見積額を超過して支出しなければならない場合や、新たな目的のため支出しなければならない必要が生じる場合がある。そのためにあらかじめ、使途内容が不明確なまま一定の額を予備費として予算に計上する。この場合の国会の議決は、一定額を予備費として計上することの承認であるから、政府の責任において支出した後、その支出の当否について、事後に国会の承認が必要なのである。

第3節　決算、公金の支出等の制限

1　決　　算

　憲法90条1項は、「国の収入支出の決算は、すべて毎年会計検査院がこれを検査し、内閣は、次の年度に、その検査報告とともに、これを国会に提出しなければならない」と規定する。決算とは、1会計年度における国家の現

実の収入支出の実績を示す確定的計数を内容とする国家行為の一形式をいう。予算と異なり、法規範性はない。決算の制度は、予算によって立てられた歳入歳出の予定準則が、現実の収支として適正に行われたかどうかを検査し、予算執行者の責任を明らかにすると同時に、将来の財政計画の樹立や予算の定立に備えるために設けられたものである。

決算は、閣議によって成立する。会計検査院の検査及び国会の審査は、既に成立した決算について、検討、監督する手段である。

2　公金の支出等の制限

憲法89条は、公の財産の支出又は利用の制限の規定である。その前段は、公金その他の公の財産を、宗教上の組織若しくは団体の使用、便益若しくは維持のため、支出又はその利用に供してはならないとする。これは、前に述べたように、国家と宗教の分離（憲20）を、財政制度においても保障しようとするものである。これによって、明治憲法の下においてなされていた神社に対する国庫からの補助（官幣神社、国幣神社）などは禁じられ、また、公の施設を、特定の宗教のためのみに利用させることは禁止される。

後段は、公の支配に属しない慈善、教育、博愛の事業に対して、同様に、公金その他の公の財産を支出又はその利用に供してはならないとする。この趣旨、目的については、①教育等の私的事業の自主性を確保する点にあると解する見解と、②財政民主主義の観点から公費の濫用を防ぐことにあるとする見解に大きく分かれる。①説は、「公の支配」の意味を、事業の予算、人事、運用について重要な点で監督、関与することであるとする。これに対し、②説では「公の支配」の解釈にあたって、国の財政援助が不当に利用されることのないように監督するという程度をもって「公の支配」があると解する。具体的には、①説によれば、私立学校振興助成法等による監督程度では「公の支配」に属するとはいえないとされるが（したがって、私立学校に対する助成措置は違憲ということになる。）、②説では、その程度の監督をもって「公の支配」の要件を満たすとし、私学助成は合憲と解されている。

第8章　地　方　自　治

第1節　地方自治の基本概念

1　地方自治の観念

　自治とは、根本的には、人が自らを治めることであって、人が自らの行動を自律的に、自らの責任において規律することである。議会制度も自治の一形態であり、国民の自由の保障も広義の自治の現れである。地方自治とは、このような自治の観念が地方政治、地方行政の上に現れたものである。すなわち、根本的には、地方政治、地方行政をその住民自らの意思により、自らの責任と負担において行うことである。さらに、それは、次の二つの要素から成り立っている。その1は、住民自治の観念である。すなわち、地方の政治、行政は、その地方の住民の意思に基づいて行われるべきであるとの思想をいう。その2は、団体自治の観念である。すなわち、それぞれの地方が、国とは別個に独立の公共団体、公法人としての性質を持つものとし、この地方公共団体が、自治権を有するとする思想である。

2　明治憲法における地方自治

　明治憲法には、地方自治についての規定は存しない。このことは、地方自治の根本原則が、憲法上の保障を与えられていなかったことを意味する。もっとも、法律によって地方自治制は設けられていたが、極めて中央集権的、官治的色彩の濃いものであった。

3　地方自治の本旨

　憲法92条は、「地方公共団体の組織及び運営に関する事項は、地方自治の本旨に基いて、法律でこれを定める」と規定し、地方自治の本旨が、地方自

治制度の基礎であることを憲法上明確にし、明治憲法下の地方自治の根本原則を覆えした、憲法93条から95条までは、この地方自治の本旨の具体化である。「地方自治の本旨」とは、地方自治の原則ということであるが、それは、前述した住民自治と団体自治との二つの要素からなる近代的地方自治の原則を意味する。すなわち、地域の住民が地域的な行政需要を自己の意思に基づき自己の責任において充足すること（住民自治）と、国から独立した団体（地方公共団体等）を設け、この団体が自己の事務を自己の機関により自己の責任において処理すること（団体自治）を意味する。住民自治の原則は、93条で地方公共団体の長及び議会の議員を住民が直接選挙する旨規定し、95条で地方特別法は住民投票に付される旨規定することによって、また、団体自治の原則は、94条で地方公共団体の自治権を定めることによって、それぞれ具体化されている。

　地方公共団体の組織や運営は、明治憲法下では行政部の命令、訓令でさえ定めることができたのであるが、日本国憲法92条は、地方自治の本旨に従って、法律で定めることになった。このことは、法律以外のものを排除する意味を持つものである。のみならず、93条は、憲法自ら地方公共団体の議事機関として議会を置くこと、その長、議会の議員及び法律で定めるその他の吏員（地方公務員）は、住民が直接選挙によって定める旨を規定し、法律による変更を排除している。このことは、地方自治の本旨の内容をなすものだからである。

第2節　地方公共団体の意義

　憲法92条から95条には、「地方公共団体」という用語があるが、その範囲については、論議がある。地方自治法1条の3は、地方公共団体を、都道府県及び市町村の普通地方公共団体と、特別区、地方公共団体の組合、財産区及び地方開発事業団の特別地方公共団体の2種類に分けているが、憲法上の地方公共

団体とは、その全部を含むのか否かが問題となる。この場合、憲法にいう地方公共団体とは、基礎的、普遍的な地方公共団体を指すと解される。したがって、都道府県と市町村の普通地方公共団体を意味する。これは、これらの団体が、近代的国家として成立した我が国の初期から、地方公共団体としての歴史を有し、かつ、全国を通じて一般的、普遍的な体制であり、その住民の共同体意識が強い点があるからである。その点から特別地方公共団体は、行政の必要上政策的に改廃されるものであって、憲法上の地方公共団体には該当しないということになろう。最高裁は、特別区は憲法上の地方公共団体に該当しないと判示した（最判昭38.3.27刑集17-2-121）。

第3節　地方公共団体の機関と権能

1　地方公共団体の機関

　　地方公共団体の機関は、議事機関と執行機関とがある。議事機関としては、法律の定めるところにより、普通地方公共団体に議会が設置される（憲93Ⅰ、地自89）。その議員は、その地方の住民が直接選挙する（憲93Ⅱ）。執行機関としては、普通地方公共団体の長と、その所轄の下に、それぞれ明確な範囲の所掌事務と権限を有する執行機関を置き、その長及び法律の定めるその他の吏員については、その地方の住民の直接選挙による（憲93Ⅱ、地自17、138の3）。なお、執行機関としては、そのほか教育委員会、選挙管理委員会、人事委員会又は公平委員会、監査委員（以上普通地方公共団体の必要機関）、公安委員会、地方労働委員会、収用委員会等（以上都道府県の必要機関）並びに農業委員会及び固定資産評価審査委員会（以上市町村の必要機関）を設置しなければならない（地自180の5）。

2　地方公共団体の権能

　(1)　憲法94条は、地方公共団体は、その財産の管理、事務の処理、行政の執

行の各権能と、法律の範囲内での条例の制定の権限のあることを規定している。この規定は、地方公共団体が、その自治権の内容として、本来そのような権能を有するものであることを示している。これらは、自治権に基づく固有の権能であるということができる。しかし、ここに掲げられる条例制定権以外のものは、いずれも事務内容を具体的に示したものではなく、地方自治法でそれを定めている。地方自治法では、「普通地方公共団体は、地域における事務及びその他の事務で法律又はこれに基づく政令により処理することとされるものを処理する」（地自2Ⅱ）とされ、地方公共団体の事務は「自治事務」と「法定受託事務」に区別されている。「自治事務」とは、「地方公共団体が処理する事務のうち、法定受託事務以外のものをいう」（地自2Ⅷ）と定められ、「法定受託事務」については、地方自治法2条9項が規定している（具体的な内容は地方自治法別表第一及び第二で定められている。）。

(2)　また、地方公共団体は、法律の範囲内で、条例を制定することができる（憲94）。この条例制定権は、自治権に基づく自治立法権を意味する。憲法94条にいう「条例」には、地方議会の議決による条例のほか、地方公共団体の長が定める規則も含まれる。この条例制定権は、直接憲法によって地方公共団体に与えられた固有の権能であるから、個々の法律の授権、根拠を要しない。また、条例は、行政部の政令、命令が、国の行政権に基づいて制定されるのと異なり、自治立法権によって、住民が直接選挙する地方議会の制定するものであるから、罰則を設けても違憲ではない（地自14Ⅲ）。もっとも、条例制定権は、法律の範囲内で認められるものであり、法律に矛盾、抵触することは許されない（地自14Ⅰ）。しかし、法律が明示的又は黙示的に禁止していない限り、法律による規制が既に存在している場合でも条例を制定することができると解されている。

第4節　地方特別法

　憲法95条は、「一の地方公共団体のみに適用される特別法は、法律の定める
ところにより、その地方公共団体の住民の投票においてその過半数の同意を得
なければ、国会は、これを制定することができない」と規定する。これは、国
会でその法律案が議決された後、住民投票の過半数の同意があったとき法律と
して確定する。例えば、広島平和記念都市建設法、長崎国際文化都市建設法、
熱海国際観光都市建設法等がある。

第9章 憲 法 改 正

1　憲法は、国家の構造、組織、作用を定める基本法であるから、高度の安定性が求められるが、絶えず変化する政治的、経済的、社会的状況に適応する可変性も不可欠である。したがって、憲法は、一方においてその安定性を維持するための方法を有し、他方、常に変化する社会の動きに応じた可変性を確保するために憲法改正の手続を規定している。

　憲法改正とは、成文憲法の内容について、憲法所定の改正手続に従って、変更を加えることをいう。改正は、個別の憲法条項の修正、削除又は追加のほか、新しい条項を設ける増補が通常の形であるが、成文憲法を全面的に書き改める全面改正が行われることもある。

2　憲法改正について定める憲法96条は、国会の発議と国民の承認という二つの手続を要求している。国会の「発議」とは、憲法改正案が国会において議決されることをいう。国会の発議は、「各議院の総議員の３分の２以上の賛成」でなされるが、各議院は憲法上対等であり、衆議院の優越は認められない。国民の承認は、「特別の国民投票又は国会の定める選挙の際に行はれる投票において、その過半数の賛成」によってなされる。国民の憲法改正の承認が得られた場合には、その時点で憲法改正が確定する。

　国民の承認が得られたときは、「天皇は、国民の名で、この憲法と一体を成すものとして、直ちにこれを公布する」（憲96Ⅱ）とされる。

3　憲法所定の改正手続によればどのような内容の改正も許されるのかについては議論があり（憲法改正の限界の問題）、限界が存在するという見解が多数説である。具体的には、憲法の改正手続に基づいて、国民主権、基本的人権の保障、平和主義といった憲法の基本原理の本質的部分を変更することはで

きないとされている（改正の限界を超えた行為は改正ではなく、もとの憲法典の立場からは無効ということになるが、新憲法として完全な効力をもって実施されるということは十分にあり得る。）。

憲法概説（再訂補訂版）

2024年6月　第1刷発行

監　修　裁判所職員総合研修所

発 行 人　松　本　英　司

発 行 所　一般財団法人 司　法　協　会

〒104-0045 東京都中央区築地1−4−5
第37興和ビル7階
出版事業部
電話（03）5148-6529
FAX（03）5148-6531
http://www.jaj.or.jp

落丁・乱丁はお取り替えいたします。　　　　　　印刷製本／中和印刷㈱（1）
ISBN978-4-911236-01-7　　　C3032　　¥1400E